湖南大学出版社

图书出版基金资助项目

焦点案件中法意与民意的互动机制研究

汪全军 著

湖南大学出版社

·长沙·

内 容 简 介

本书以自媒体时代的司法实践为视角,试图探讨法意与民意之间的冲突问题,以期建构一套理论自洽、实践可行的法意与民意的互动机制。第一章借用经济学领域的公地悲剧理论,揭示当下法意与民意的互动乱象;第二章着重分析法官在面临强大的民意压力时是如何因应的,进一步分析法意与民意互动的谬误;第三章通过剖析司法实践领域存在的"民意"类型,揭示热点案件中"民意"的本质,进而质疑"民意"影响司法的正当性基础;第四章以自媒体平台常用的"点赞"功能为例,揭示自媒体在准确表达民意方面所存在的技术性难题;第五章以人民陪审员制度为纽带,建构法意与民意互动的良性机制;第六章以于欢案为例,具体分析实践中法意与民意的互动问题。

图书在版编目(CIP)数据

热点案件中法意与民意的互动机制研究/汪全军著.—长沙:湖南大学出版社. 2020. 12

ISBN 978-7-5667-2043-6

Ⅰ.①热… Ⅱ.①汪… Ⅲ.①司法制度—研究—中国 Ⅳ.①D926.04

中国版本图书馆 CIP 数据核字(2020)第 191947 号

热点案件中法意与民意的互动机制研究
REDIAN ANJIAN ZHONG FAYI YU MINYI DE HUDONG JIZHI YANJIU

著　　者:汪全军
责任编辑:谌鹏飞
印　　装:广东虎彩云印刷有限公司
开　　本:787 mm×1092 mm　1/16　印张:6.5　字数:136 千
版　　次:2020 年 12 月第 1 版　印次:2020 年 12 月第 1 次印刷
书　　号:ISBN 978-7-5667-2043-6
定　　价:28.00 元

出 版 人:李文邦
出版发行:湖南大学出版社
社　　址:湖南·长沙·岳麓山　　邮　　编:410082
电　　话:0731-88822559(营销部),88821691(编辑室),88821006(出版部)
传　　真:0731-88822264(总编室)
网　　址:http://www.hnupress.com
电子邮箱:presschenpf@163.com

前　言

随着移动互联网的广泛普及，人类社会开始进入自媒体时代。从传播学的角度来看，媒体的发展经历了旧媒体、新媒体以及自媒体三个阶段。所谓旧媒体是指报纸、杂志、电视、广播等传统的新闻传播方式，而新媒体则是指以互联网为核心的新型新闻传播方式。但无论是旧媒体还是新媒体，均呈现出少数媒体向多数受众传播新闻的基本模式。而自媒体的出现则突破了这种新闻传播模式。"自媒体的革命性意义在于其所带来的信源革命。"[1] 在自媒体时代，信息的发布者不再局限于少数的媒体。每一位公民都可以成为信息的来源。此时，新闻传播呈现出多对多的模式。在此种模式下，一方面，自媒体表现出高度的自主性和个体化特点。自媒体信息的采编者和传播者不一定是专业的新闻工作者，其挣脱了新闻机构和职业规范的束缚，以一种高度个人化的态度采集、编辑和传播新闻信息，具有很强的主观性。另一方面，自媒体平台的开放性有利于新闻信息的广泛、高速传播。基于互联网信息技术，自媒体可以通过实时发布、点赞、转发、评论等方式实现信息的即刻分享，迅速放大传播效果。本质上，自媒体是一种"信息共享的即时交互平台"[2]。根据中国互联网络信息中心发布的《第44次中国互联网络发展状况统计报告》显示，截至2019年6月，我国网民规模已达8.54亿，互联网普及率达61.2%。其中，手机网民规模达8.47亿，占总网民数的99.2%。具体到互联网应用方面，网络新闻用户规模达6.86亿，占网民整体的80.3%。其中，手机网络新闻用户规模达6.60亿，占手机网民的77.9%。[3] 可见，互联网已经成为人们日常生活中非常重要的一种工具，而通过互联网（尤其是手机互联网）获取新闻信息也已经成为常态。在此背景下，自媒体也相应地获得了极其广泛的社会影响力。而随着5G网络的广泛应用，自媒体或许将以更加丰富多元的表现形式进一步影响人们的生活。自媒体的影响涉及社会生活的方方面面。其中，法治实践领域也不例外。

---

① 潘祥辉：《对自媒体革命的媒介社会学解读》，载《当代传播》2011年第6期。

② 代玉梅：《自媒体的传播学解读》，载《新闻与传播研究》2011年第5期。

③ 中国互联网络信息中心：《第44次中国互联网络发展状况统计报告》，载中华人民共和国国家互联网信息办公室网站2019年8月30日。

自媒体的兴起波及立法领域。民主立法是立法的基本原则之一。立法是民意的呈现，而自媒体所表达的意见则常常以民意自居。具体而言，自媒体对立法的影响主要体现在如下三个层面：一是推动立法进程。积极回应社会关切是立法工作中非常重要的理念。通过密集报道特定社会问题，自媒体可以营造社会热点，从而引起立法机关的关注，并推动相关立法。二是影响立法内容。自媒体所呈现的观点是社会舆论的重要组成部分，而社会舆论是立法公开征求社会意见环节不得不考虑的因素。可以说，自媒体是可以影响立法内容的。三是反馈立法效果。自媒体不仅可以直接表达对法律规范的意见，还可以影响立法后评估工作。"法律法规实施过程中存在问题较多，社会反响较大，公众要求对法律法规进行修改，此时应有必要启动立法后评估机制。"① 虽然自媒体对立法的影响是现实存在的，但并不意味着这种影响是正当的。"公共舆论通过制造民意焦点对立法机关产生切实的影响，而通过这种途径进入立法程序的民意不过是由新闻媒体塑造出来的，其与真实民意并不能简单等同。"②

行政领域也受到自媒体的广泛影响。政府的合法性来源于人民群众的支持，而自媒体则是人民群众表达支持与否的重要平台。因而，面对自媒体所呈现出的舆论热点，政府不可能视而不见。一般而言，"议题的热度对提高政府的回应和行动产生了正面的影响，政府倾向对网络热点问题更积极地进行正式的回应，面对公众的诉求，也更倾向于采取实际的行动以迎合民意的诉求。同时，事件史的分析也发现，舆论压力越大，政府的回应也越快"③。例如，2018 年 7 月，电影《我不是药神》上映后迅速引发社会关注，大量自媒体跟进讨论进口药品管制问题，形成舆论热点。李克强总理对此专门作出批示，要求抓紧落实国务院常务会议确定的对进口抗癌药实施零关税、加快对已在境外上市新药的审批、降低抗癌药价格等措施。④ 实际上，"'微博问政'已渐成政府与社会间沟通的新趋势，并对从中央到地方各个行政层级以及众多职能部门与官员产生着越来越大的影响。"⑤

自媒体对司法领域的影响尤为突出。随着微博、微信公众号等自媒体平台的出现，公众得以更加便利地参与司法案件的讨论。近年来，热点案件不断涌现，如辱母杀人案、昆山龙哥案、汤兰兰案等。公众对热点案件的讨论形成了强大的舆论，并对法院的

---

① 汪全胜等：《立法后评估研究》，人民出版社 2012 年版，第 126 页。
② 汪全军：《以立法促进地方治理：立场、进路与程序》，载《黑龙江社会科学》2020 年第 1 期。
③ 韩冬临、吴亚博：《中国互联网舆情热点与地方政府回应——基于〈中国社会舆情年度报告〉（2009—2013）的分析》，载《公共行政评论》2018 年第 2 期。
④ 参见中国政府网：《李克强就电影〈我不是药神〉引热议作批示》，载中国政府网 2018 年 7 月 18 日。
⑤ 沈亚平、董向芸：《微博问政对于政府管理的价值与功能分析》，载《南开学报（哲学社会科学版）》2012 年第 3 期。

审判活动产生了重大的影响，甚至形成所谓的"民意审判""舆论审判"等现象。此外，自媒体对司法的影响还引发了学界的激烈争论。有学者认为，自媒体对司法的影响主要是积极的，应当鼓励。"虽然公众判意不具有制度上的效力，但与陪审团意见相似，它同样是可以注入法律体系内的'外行酸'，能够将社会价值引入个案审判，从而引入法律体系之中。"① 而另外一些学者则认为，自媒体对司法的影响是消极的，应当避免。"微博等现代网络技术为民粹主义思潮的生成和传播创造了过去难以想象的便捷程度，它使得我国的民粹主义司法发展更快且更易被操纵，对它的规范与控制则愈来愈难。"②

自媒体的发展对法治实践的冲击是当代法治建设无法回避的问题。具体到我国的法治建设领域，自媒体对司法的影响最为明显，也最为复杂。一方面，自媒体以表达民意自居，使其获得了监督司法的正当性；另一方面，人民法院依照法律规定独立行使审判权是我国《宪法》和《人民法院组织法》的明文规定。本来自媒体发挥舆论监督功能与审判机关独立行使审判权是不矛盾的，但现实中自媒体以监督之名行干涉之实的情况却时有发生。监督与干涉的界限混淆使得以司法机关为代表的法意与以自媒体为代表的民意之间关系紧张。在此背景下，有必要进一步研究热点案件中法意与民意的关系，并建立一套法意与民意的良性互动机制。

本书共分六章：

第一章借用经济学领域的公地悲剧理论，分析我国当下法意与民意的互动乱象，进而明确本书研究的实践背景。

第二章着重分析热点案件中法官在面临强大的民意压力时是如何因应的，进一步揭示当下法意与民意互动机制的谬误。

第三章通过剖析我国司法实践领域存在的"民意"类型，准确揭示热点案件中"民意"的本质，进而质疑"民意"影响司法的正当性基础。

第四章以自媒体平台常用的"点赞"功能为例，揭示自媒体在准确表达民意方面所存在的技术性难题，进一步质疑自媒体正确监督或影响司法的可行性。

第五章以人民陪审员制度为纽带，建构法意与民意互动的良性机制。

第六章以于欢案为例，具体分析实践中法意与民意的互动问题。

---

① 顾培东：《公众判意的法理解析——对许霆案的延伸思考》，载《中国法学》2008 年第 4 期。

② 刘练军：《民粹主义司法》，载《法律科学》2013 年第 1 期。

目　次

第一章 公地悲剧：法意与民意的互动乱象

一、法意与民意的互动

从传播学的角度来看，有三种与人的行为相关的"现实"：一是客观现实，即客观世界的真实面貌；二是象征性现实（又称拟态环境），是指通过新闻媒介对信息进行有选择性的加工、编排之后呈现出的现实；三是主观现实，即人们在接收媒介传播的信息之后，在头脑中形成的关于客观现实的图像。"在传统社会里，主观现实是对客观现实较为直接的反映，而在媒介社会，人们对客观现实的认识在很大程度上需要经过媒介提示的'象征性现实'的中介。"①特别是进入自媒体时代以来，信息量与信息传播速度都得到极大提高，象征性现实对于人的行为的影响越来越重要。因此，"认识活动舞台、舞台形象和人对那个活动舞台上自行产生的形象所做的反应之间的三角关系"是分析人的行为的起点。②

同样，公众对司法案件的讨论活动也面临着三种现实：一是案件的真实信息。一方面，"人不能两次踏入同一条河流"，完全还原案件的事实情况是不可能的。所以司法程序中所强调的事实是指法律事实。另一方面，对案件进行审理的一个重要目的就是厘清案件事实。反过来说，在审结定案之前案件的事实情况是不确定的。二是司法舆论。③ 新闻媒体（尤其是微博、微信公众号等自媒体）通过各种途径获知司法案件的部分信息，进行编辑、加工和传播，从而形成司法舆论。媒介上所呈现的信息具有片面化、碎片化等特征，并且与发布者的主观倾向有着十分密切的关系。公众在对司法案件进行讨论时所依据的"不是直接而确凿的知识，而是他自己制作的或者别人给他的图像"④。三是个人意见。个人在接收媒介上呈现的案件信息之后，通过听取他人的分析以及自己

---

① 郭庆光：《传播学教程》，中国人民大学出版社 2011 年版，第 204 页。
② ［美］沃尔特·李普曼：《公众舆论》，阎克文、江红译，上海人民出版社 2002 年版，第 14 页。
③ 在讨论司法与舆论的关系时，常常将"舆论"与"民意"两个概念混用，它们都对应英文词组"public opinion"。见周永坤：《民意审判与审判元规则》，载《法学》2009 年第 8 期。
④ ［美］沃尔特·李普曼：《公众舆论》，阎克文、江红译，上海人民出版社 2002 年版，第 20 页。

的思考，最终选择相信其中的部分内容，形成个人意见。"世界在他们内心形成的图像，是他们思想、感情和行为中的决定性因素。"①个人意见不仅体现了其对司法裁判的期待，也是其判断司法是否公正的主要标准。不过，值得注意的是，司法舆论与个人意见之间的影响是相互的。个人不仅可以从各种媒介上获取信息，而且还可以通过自媒体等传播信息。也就是说，个人不仅是信息的接收者，也是信息的生产者和传播者。这种复杂的关系使得媒介上所呈现的某些民意就是部分公众的个人意见。

案件的真实信息与司法舆论之间的差异为法意与民意的互动创造了空间。司法机关的裁判是依据案件的真实信息作出的，而公众对司法案件的讨论却是建立在司法舆论之上的。案件的真实信息与司法舆论之间的差异常常导致司法机关与公众对特定案件产生不同的看法，进而影响到公众对司法的信任。当公众的意见与司法机关的裁判不一致时，公众往往会通过自媒体等平台进一步表达自己的观点，进而影响司法舆论。面对司法舆论，司法机关或利用自媒体等平台进一步阐释自己的理由，或在裁判中吸纳公众的意见，从而在司法舆论中实现司法机关与公众的和解。然而，通过分析近年来的热点案件可知，面对汹涌的司法舆论，司法机关选择吸纳民意的情况相对较多。在这种情况下，法意与民意之间的关系已经不再仅仅是监督与被监督的关系，而是趋向于影响与被影响的关系。

法意与民意的互动乱象可以借用经济学领域的公地悲剧理论进行分析。英国学者加勒特·哈丁(Garrett Hardin)在分析人口过度膨胀的问题时，提出了著名的公地悲剧模型。②哈丁设想了一个对所有人开放的牧场。对于一个理性的放牧人而言，他总是试图从牧场中获得最大的收益。因此，他经常思考的问题是"如果我再多放养一头牲畜，结果将会如何"。放牧人面临的结果将受到收益与成本的影响。对于放牧人而言，他将获得的收益为出售额外的一头牲畜所得到的全部利润；而其将付出的成本则只是额外增加一头牲畜导致牧场退化而带来的损失的一部分，其余的损失将由其他放牧人承担。显然，增加所放养的牲畜带来的直接利益与因此导致牧场退化而承受的远期成本的一部分比较起来，放牧人会选择增加放养的牲畜。同时，其他放牧人也会做出同样的选择。在该模型中，"每个人都被锁死在一个系统中，这个系统驱使着人们在一个有限的世界里毫无节制地增加他们的牲畜。在公地自由开放的社会里，每个人都在追寻自己的最大利益，而毁灭则是他们的终点。公地的自由开放毁灭了一切。"③实际上，法意与民意的互动也面临着同样的悲剧。在对司法案件进行讨论时，每一个参与者都试图使自己的观点

---

① ［美］沃尔特·李普曼：《公众舆论》，阎克文、江红译，上海人民出版社2002年版，第21~22页。
② HARDIN, GARRETT. The Tragedy of the Commons[J]. Science, 1968, 162(3856)：1243~1248.
③ HARDIN, GARRETT. The Tragedy of the Commons[J]. Science, 1968, 162(3856)：1244.

占据上风，引导民意，进而利用民意影响司法裁判。在这个过程中，民意就是"一个对所有人开放的牧场"，而各方参与者则好比是"放牧人"。

二、作为"牧场"的民意

（一）利益

在公地悲剧模型中，作为公地的牧场之所以成为放牧人你追我赶的竞技场，那是因为牧场是公共资源的载体，其上有可供牲畜食用的牧草。在某一放牧周期内，牧场上的牧草量是一定的。哪个放牧人放养的牲畜多，其就有可能占据更多的牧草，也就能获得更多的收益。公地悲剧模型实际上揭示了放牧人对公共资源的无度攫取，其关键在于对公共资源的利用。与作为公地的牧场一样，司法舆论也承载着一定的利益，即对司法裁判的影响力。通过对近年来引起社会广泛关注和讨论的司法案件的分析可以发现，在这些案件的审理过程中，法官往往无法独立自主地作出判决，或者其独立自主作出的判决往往在强大的民意压力下被迫改判，如李昌奎案等。这就意味着"通过舆论影响司法裁判的结果"这一路径是切实可行的。也就是说，谁获得了民意的支持，谁就有可能获得于己有利的司法裁判。民意不再仅仅具有言论自由层面的意义，其还代表了一种现实的司法利益。实际上，各方主体参与司法案件的讨论不仅仅是在行使其言论自由的权利，而是在为自身的利益奔走呼号。

不过，值得注意的是，虽然民意确实能够对我国司法裁判的最终结果产生影响，但这种影响却不是直接的，而是间接的。"通常来讲，民众不会直接影响司法，而是民意影响着政治，政治再影响了司法，司法从来都是政治的一部分。"[1]民意所呈现出来的是民众（至少是部分民众）对某一政治秩序支持与否的态度，其关涉政治秩序的合法性，向来被为政者所看重。在民意影响司法裁判的过程中，民众、媒体、为政者和法官四方之间形成一种政治意义上的角力关系，"可以说这是一个'政治力学'问题"[2]。民众通过自媒体发声，表达自己对司法案件的看法，形成民意。这种民意被为政者所感知，并对其形成强大的压力。为政者通过政治秩序内部的权力运作逻辑将这种压力传达给法官，最终迫使法官作出符合民众期待的司法裁判。也正是由于民众对司法的影响是通过为政者而产生的，所以在现实中，民众不仅向司法机关喊话，而且还通过涉诉信访等形式直

---

[1] 王启梁：《法律世界观紊乱时代的司法、民意和政治——以李昌奎案为中心》，载《法学家》2012年第3期。

[2] 孙笑侠：《司法的政治力学——民众、媒体、为政者、当事人与司法官的关系分析》，载《中国法学》2011年第2期。

接向居于幕后的为政者表达意见,进而形成了"信访不信法"的尴尬局面。当然,不管具体路径如何,民意能够对司法裁判产生影响这一点是确定的。这就意味着民意具有了利益属性。

(二)开放

在公地悲剧模型中,作为公地的牧场是向所有人开放的,即任何放牧人都可以在该牧场放牧。这就意味着,无法对放牧人进行总量上的控制,也无法对放牧人所放养的牲畜进行总量控制。那么,在牧场上茂盛的牧草吸引下,放牧人以及放牧人所放养的牲畜势必越来越多,进而超过牧场的最佳承载量,并最终导致牧场因过度放牧而衰退。对所有人开放是公地悲剧发生的主要原因之一。就民意而言,其也具有开放性的特征。这种开放性体现在如下两个方面:一是参与者来源广泛。在对司法案件进行讨论时,参与者并不仅仅局限于法官、当事人及其代理人。许多与该案并无直接关联的社会主体也参与到讨论之中,如学者、普通民众以及与该案无代理关系的其他律师等等。不同身份背景的人都参与到司法案件的讨论之中,使得民意呈现出极其多元、复杂的面貌。二是参与方式多种多样。参与司法案件的讨论需要借助一定的公共平台,而随着互联网技术的发展,公共平台呈现出多样化的发展趋势。除了传统的报纸、电视、广播等媒介之外,微博、微信公众号等自媒体平台逐渐成为讨论司法案件的主要阵地。随着移动互联网技术的进步,人们通过手机就可以十分便捷地接入互联网,这极大地方便了人们参与司法案件的讨论。

(三)轻责

在公地悲剧模型中,由于牧场对所有人开放,因而导致过度放牧,牧场退化。而这种现象得以发生并持续的另一个原因在于无人需要对此承担责任,或者说,牧场退化的责任将由所有人共同承担,而非由过多增加牲畜的放牧人独自承担。这就意味着,放牧人增加牲畜所获得的预期收益将远远大于其所需要付出的成本。也正是这个原因激励着放牧人无视牧场的承载能力而不断地增加牲畜。而在民意影响司法裁判的情形下,同样存在着参与者肆意引导民意而无须担责的情况。

首先,对司法案件发表意见被认为是公民的言论自由,因而具有正当性。言论自由是一项基本人权,为现代文明国家所公认。虽然西方国家存在一些对司法新闻报道的限制，如英国的《藐视法庭法》[①]、美国曾经出现的"缄口令"[②]等，但是"对司法新闻的报道限制都是司法公开的例外情况，这是言论自由和公民接受公正审判权进行利益平衡的结果，并且两国法律都明确规定这类报道限制只有在确有必要时方可做出，对媒体的报道限制还会受到严格的司法审查"[③]。在我国，《法官法》明确规定法官有接受人民群众监督的义务。在处理新闻报道与司法审判之间的关系时，《关于人民法院接受新闻媒体舆论监督的若干规定》更是要求人民法院主动接受新闻媒体的舆论监督。可见，公众的知情权、参与权、表达权和监督权是法律和司法政策所认可的。也就是说，对司法案件发表意见具有法律上的正当性。

其次，造谣所应承担的责任很轻。就新闻机构来说，《关于人民法院接受新闻媒体舆论监督的若干规定》指出，新闻报道中存在报道严重失实等五大类情况的，人民法院可以向新闻主管部门、新闻记者自律组织或者新闻单位等通报情况并提出建议。也就是说，人民法院不能直接对新闻机构发布不实信息的行为进行处罚，而只能提出处罚建议。就个人而言，在实践中，因造谣影响司法裁判结果的，往往很难追责。例如，在药家鑫案中，刑事附带民事诉讼原告代理人张某在网络上发布一系列针对被告人药家鑫及其家属的不实言论，引导社会舆论，对案件的最终裁判结果造成了一定的影响。但该案最终只能通过药家鑫的父亲提起民事诉讼的方式向张某追责，不仅耗时漫长，而且最终张某所需要承担的责任亦很轻。[④]

从根本上说，造谣之后很难追责是因为在民意影响司法裁判的案件中存在着不可言说的隐情。虽然民意对司法裁判的影响是实际存在的，但依法裁判依旧是司法的"元规则"。若法院对造谣者追责，那就意味着法院默认了其裁判结果受到了民意的影响。也就是说，法院承认其不是"依法裁判"，而是"依民意裁判"。这不仅不符合现代司法文明理念，而且违反了我国法律的规定，其后果是任何法院所不能承受的。因此，造谣者不可能受到法院的制裁，其所需要承担的仅仅是在由被侵权人提起的民事诉讼中败诉的后果，而这一后果与其通过民意影响司法裁判所带来的利益相比较往往是不值一提的。至于民意影响司法而带来的司法公信力下降等后果则将由全社会共同承担，造谣者所受到的影响微乎其微。由于所需承担的责任很轻而收益很高，这就使得造谣者不断涌现。

---

① 马长山：《藐视法庭罪的历史嬗变与当代司法的民主化走向》，载《社会科学研究》2013年第1期。
② 高一飞：《媒体与司法关系规制的三种模式》，载《时代法学》2010年第1期。
③ 卢家银：《英美司法新闻的报道限制比较》，载《南昌大学学报（人文社会科学版）》2014年第3期。
④ 西安市雁塔区人民法院民事判决书（2011）雁民初字第04416号。

三、作为"放牧人"的参与者

放牧人增加牲畜的目的在于获取更多的利润。那么，司法案件讨论中的参与者们参与讨论的目的又是什么呢？首先，当事人及其亲属、代理律师等参与讨论的目的是显而易见的，即寻求民意对他们的支持，进而通过民意影响法院，以获得有利于己方的裁判。例如，在药家鑫案中，被害人家属及其代理人通过网络发布不实信息，将药家鑫塑造成"官二代""富二代"，从而成功地引导民意转向对药家鑫的挞伐和对被害人一家的同情。① 其次，法院在其裁判受到质疑之后，也会通过新闻发布会等形式公开阐释自己的裁判理由，为其裁判进行辩护。例如，在李昌奎案中，云南省高院就曾召开新闻发布会，就其二审改判李昌奎死缓的原因进行说明，并提出了轰动一时的"标杆论"。② 由于上述两类参与者都是"局中人"，他们的发言并非中立而是有特定的立场倾向。不过，有几类看似中立的参与者，他们参与讨论的目的却值得进一步推敲。

一是普通群众。普通群众是民意形成的主力，也是各方参与者竞相争取的对象。一般认为，普通群众与案件并无直接利害关系，因而能够秉持中立参与讨论，他们的观点也最为可信、可取。但是，普通群众真的能做到客观中立吗？实际上，容易引发普通群众讨论的热点案件往往反映了特定的社会问题，并且这些社会问题在现实生活中表现得十分普遍和尖锐。在对热点案件进行了长期观察之后，有学者将热点案件按照"主题元素"进行了分类，并发现当前社会所出现的热点案件可以被划归为如下六类："官民冲突案件""权贵身份案件""社会民生案件""道德底线案件""公德困境案件"以及"迷离疑难案件"。③ 这六类案件所涉及的"主题元素"都十分贴近普通群众的日常生活，可能曾经在身边发生过或者正在身边发生，这种案件往往能让人产生一种惺惺相惜之感。例如，在"李启铭案"中，一句"我爸是李刚"强烈刺激了民众的神经。④ 作为身处草根阶层的普通群众，特别是那些在现实社会中曾经遭遇过"门难进、脸难看、事难办"的人，会产生一种感同身受的心理。与其说人们是在关注案件本身或者涉案当事人，还不如说他们是在关注他们自己。普通群众从特定案件的处理方式和结果可以推知今后其面临相似情况时可能获得的待遇。而由于热点案件反映的是社会常见问题，其他普通群众面临相似情况的可能性非常大，所以他们往往会站在与其具有相似社会地位的一方当事人的

① 罗朋：《"微"力量下的舆论审判——微博舆论对"药家鑫案"审判影响分析》，载《当代传播》2011 年第 5 期。
② 王启梁：《法律世界观紊乱时代的司法、民意和政治——以李昌奎案为中心》，载《法学家》2012 年第 3 期。
③ 孙笑侠：《公案及其背景——透视转型期司法中的民意》，载《浙江社会科学》2010 年第 3 期。
④ 李姗姗、黄柳蓉：《"我爸是李刚"撞人事件的众生相》，载《南方人物周刊》2010 年第 38 期。

立场上表达意见。因此，民意是一种偏见，而且这种偏见在以群体意见的形式表达出来时，往往非常极端。

二是学者。实际上，针对学者在课堂内外的言论是有着不同的规范要求的。在课堂内，作为教师，学者主动传授知识，而学生被动接受知识。教师与学生之间的关系是不对等的。因此，"真正的教师会保持警惕，不在讲台上以或明或暗的方式，将任何态度强加于学生"①。而在课堂外，学者置身于公共论坛，其与听众之间的关系是平等的。此时，学者"无须隐瞒自己的态度；在这种场合，立场鲜明甚至是一个人难以推卸的责任"②。简单地说，在课堂内，学者应当保持学术中立的态度，全面地介绍不同流派的观点，而不应该强行兜售自己的观点；而在课堂外，学者则只是公共论坛上的一个普通的演讲者，其发言的目的就是为了宣扬自己的主张，其他人也可以对其观点予以批评或驳斥。由于学者的这两种身份所遵循的行为规范是不一样的，因此必须严格区分。然而，实践中人们往往将二者混淆，特别是只看到学者的教师身份而忽略其公共论坛演讲者的身份，进而主观地认为学者的发言是秉持学术中立的。实际上，在对司法案件进行讨论时，学者的身份应当是公共论坛的演讲者，其言论往往是在兜售自己的学术观点。例如，在李昌奎案的讨论中，有学者基于废除死刑的主张为云南省高院二审改判李昌奎死缓的行为进行辩护，③也有学者基于暂时保留死刑的主张对云南省高院再审改判李昌奎死刑立即执行的行为表示支持。④学者从自身的学术立场而不是案件本身出发，对司法案件进行分析，并得出自己的观点，以期获得民意的认同。总的来说，学者的观点也不是完全客观中立的。

三是"公知"。在司法案件的讨论中，以律师为代表的"公知"往往积极发声，乐于表达自己的观点。由于具备专业的法律知识背景，律师的发言往往能够做到有的放矢，并获得其他群众的认可。然而，正如有些学者所言，"公知"有着中国知识分子的一个通病，即"常常把个人遭遇、个人心理情节带到对于公共问题的讨论中，不能把主观意识和客观现实、个人情结和对公共事务的立场区别开来。"⑤在司法案件的讨论中掺杂过多的主观情感，势必使得讨论失去中立立场，甚至走向极端化。此外，在微博等自媒体平台上，为了获得和维持"大V"地位，"公知"也可能通过迎合"粉丝"的心理发表一系

①　［德］马克斯·韦伯：《学术与政治：韦伯的两篇演说》，冯克利译，生活·读书·新知三联书店2013年版，第37页。

②　［德］马克斯·韦伯：《学术与政治：韦伯的两篇演说》，冯克利译，生活·读书·新知三联书店2013年版，第37页。

③　贺卫方：《司法如何纠错》，载财新网2011年8月16日。

④　陈光中：《从李昌奎案看死刑与民意》，载财新网2011年8月16日。

⑤　徐友渔：《当代中国公共知识分子的生成》，载《当代中国研究》2004年第4期。

列充满偏见和非理性的言论。"粉丝个体被群体所'裹挟',而粉丝群体又与意见领袖相互迎合。"①所以说,在司法案件的讨论中,"公知"虽然具有很大的话语权,但其动机与立场却是值得进一步检视的。

四、热点案件中民意的"衰退"

(一)热点案件中民意的特征

在法意与民意的互动过程中,参与者基于各自立场,传递真假难辨的信息和杂糅私货的观点。对于这些繁杂多样的信息和观点,社会公众基于个人判断,有选择性地相信和支持其中的部分内容,并通过自媒体传播,进而形成民意。这样形成的民意具有如下几个特点:

一是多元性。民意的多元性体现为不同的参与者对司法案件的看法多样,并且这些多样化的意见能够通过不同的媒介得以全面呈现。例如,在李昌奎案二审改判死缓之后,受害人家属表达了强烈的愤慨和不满,而李昌奎及其家属则深感意外,并表示将积极接受改造;一般民众通过网络等形式表示二审改判量刑过轻,其中鹦哥村村民还采取了联名上书的形式表达其反对意见;阮齐林教授等学者也表示二审改判并不恰当,而邵国恒律师等则认为改判合理合法;云南省高院在新闻发布会上还发表了著名的"标杆论",认为该案将成为慎用死刑的一个典型案例。② 由于人们的立场各不相同,而且参与司法案件的讨论并没有特定的门槛,所以各式各样的意见都能够得以表达。

二是易变性。一般情况下,案件第一时间被公众获知时,公众所掌握的信息是零碎的、片面的。随着时间的推移,更多的涉案信息被披露出来,公众的观点也被一步步地修正。同时,专家的解读也能在一定程度上引导民意的走向,特别是一些权威专家对专业问题的分析往往能起到左右民意的效果。另外,当事人的言行也在很大程度上影响民众的看法。特别是,有些当事人出于个人利益的考虑,故意编造一些虚假的信息,误导公众,而这些谎言一旦被拆穿,公众很可能对其产生厌恶的情绪,从而改变之前的看法;而有些当事人在犯罪之后悔罪态度良好,也可能博得公众的同情。所以,热点案件中的民意处在一个随时变动的状态,并不稳定。

三是极端化。一方面,民意往往以十分简洁的形式呈现出来,如"构成犯罪"或"不

---

① 李名亮:《微博空间公共知识分子的话语策略与身份建构》,载《湖南师范大学社会科学学报》2012 年第 5 期。

② 王启梁:《法律世界观紊乱时代的司法、民意和政治——以李昌奎案为中心》,载《法学家》2012 年第 3 期。

构成犯罪"，"对"或"错"，"重判"或"轻判"，"该杀"或"不该杀"等等。① 虽然有些人会说明理由，但是这些理由也是十分简单的。随着微博等自媒体逐渐成为民意的主要呈现平台，这种简单化的表达越来越多。另一方面，民意往往是一种情绪的宣泄。民意反映了一种群体心理，而群体心理具有"冲动、易变和急躁""偏执、专横和保守"等特点。② 前文提及，民意所涉及的案件往往反映了社会的常见问题，而这些问题在人们的日常生活中表现得十分尖锐。当一个相关案件发生之后，一部分和案件当事人（特别是处于弱势地位的当事人）生活处境相似的民众会产生一种惺惺相惜的心理。在这种心理的作用下，这部分民众会自觉地和处于弱势地位的案件当事人站在一起，并将矛头直指处于强势地位的案件当事人以及与其具有相似社会地位的其他社会成员。至此，案件当事人之间的对立转变为社会群体之间的对立，并且随着两个群体意见的交锋，情绪化的成分越来越重，甚至最终演变为相互谩骂。在一定程度上，民意已经与案件无涉。

（二）热点案件中的民意与司法公信力

我国司法的公信力不断流失已经成为一个不争的事实，以至于党的十八届四中全会通过的《中共中央关于全面推进依法治国若干重大问题的决定》特意强调，要"保证公正司法，提高司法公信力"。司法公信力是司法机关及其司法行为所具有的公共信用，其集中体现为"人民群众对司法的信任、信赖、尊重和维护"。③ 司法公信力的现状可以透过涉诉信访管窥一二。据统计，2001—2010 年，全国各级人民法院所处理的信访总数达 32487480（件、人），平均每年超过 300 万件。④ 若再加上各级人大、政府、人民检察院等国家机关所处理的涉诉信访，数量将更为庞大。近年来，随着"诉访分离"改革的推进，涉诉信访的数量呈现下降的趋势。但根据国家信访局的统计，涉法涉诉信访仍然是"占信访总量的比重比较大"⑤。"涉诉信访是对法院信任程度的风向标。"⑥大量涉诉信访的存在意味着，在面临法律纠纷时，许多当事人或是没有选择通过司法程序予以解决，或是对司法裁判的结果无法认同，这都是司法公信力较弱的表现。所以，最高人民法院副院长沈德咏大法官才会感慨道，"部分群众对司法的不信任感正在逐渐泛化成普

① 顾培东：《公众判意的法理解析——对许霆案的延伸思考》，载《中国法学》2008 年第 4 期。
② ［法］古斯塔夫·勒庞：《乌合之众：大众心理研究》，冯克利译，中央编译出版社 2004 年版，第 21 页。
③ 张文显、孙妍：《中国特色社会主义司法体系初论》，载《法制与社会发展》2012 年第 6 期。
④ 这一数据是根据《中国法律年鉴》2001—2010 年各卷内的《全国法院处理告诉申诉来信来访情况统计表》中的数据计算而来的。
⑤ 梁士斌：《涉法涉诉信访不受理不交办不协调》，载《法制日报》2013 年 11 月 29 日。
⑥ 朱景文：《中国诉讼分流的数据分析》，载《中国社会科学》2008 年第 3 期。

遍社会心理"①。

就司法公信力下降的原因而言，学界已有较多的分析。龙宗智认为，影响司法公信力的因素可以从司法主观认识、司法管理体制、司法权运作机制、司法资源配置、司法官员素质以及司法与社会的互动等几个方面来分析；② 胡铭通过对典型个案的解读，发现"信任""互动""声誉"以及"交易成本"是影响司法公信力的核心要素；③ 郑成良、张英霞则认为导致司法公信力下降的原因有二，"一是司法人员素质不高的问题，一是司法体制滞后于社会发展的问题"；④ 而齐文远将司法公信力下降的原因归纳为"冤假错案频出""司法腐败""司法不透明"以及"司法裁判脱离民众的朴素正义情感"；⑤ 关玫认为司法公信力缺失的体制性成因包括"政府对法院的控制和干预""法院内部管理行政化""各级党委的干预""人大对司法的监督关系界限不清""法官素质过低"以及"国家主义司法观"；⑥ 四川省高级法院课题组将司法公信力不彰的原因总结为"司法公信的体制基础薄弱""司法独立裁决的信用机制缺乏""社会法律文化底蕴不足"；⑦ 彭小龙还指出，"法院的不受理政策、执行难"等因素也影响了司法公信力。⑧

除了上述原因之外，热点案件中民意的"衰退"也是影响我国司法公信力的重要原因。司法公信力这一概念应当是二维的，其包括"信用"与"信任"两个方面。⑨ 所谓信用是指司法本身所具有的可以被信赖的品质，这一点取决于司法机关的公正裁判；而所谓信任则是指公众对司法的信赖程度，这一点取决于公众自身的主观感受。信用与信任之间相互影响，共同形成了司法公信力的现状。所以，司法公信力下降的原因不仅可以从司法机关的角度来讨论，也可以从公众的角度进行分析。而公众对司法机关的看法很大程度上依赖热点案件中的民意。当热点案件中的民意以多元、易变以及极端的形式呈现时，势必会影响公众对司法机关的信任。首先，热点案件中民意的多元性将使得法院的裁判只能获得部分人的支持。民意的多元意味着公众对裁判结果的期待也是多元的，而法院最终的裁判却是唯一的，这样就不可避免地导致部分人的期望落空。其次，热点案件中民意的易变性将削弱法院裁判的既判力。通常，那些引起社会公众广泛关注和讨论的司法案件都会经历二审、发回重审或者再审。虽然，这些程序都是诉讼法所认可的，

---

① 吴兢：《追求看得见的公正》，载《人民日报》2009 年 8 月 19 日。
② 龙宗智：《影响司法公正及司法公信力的现实因素及其对策》，载《当代法学》2015 年第 3 期。
③ 胡铭：《司法公信力的理性解释与建构》，载《中国社会科学》2015 年第 4 期。
④ 郑成良、张英霞：《论司法公信力》，载《上海交通大学学报(哲学社会科学版)》2005 年第 5 期。
⑤ 齐文远：《提升刑事司法公信力的路径思考——兼论人民陪审制何向处去》，载《现代法学》2014 年第 2 期。
⑥ 关玫：《司法公信力研究》，吉林大学 2005 年博士学位论文，第 117~125 页。
⑦ 四川省高级人民法院课题组：《人民法院司法公信力调查报告》，载《法律适用》2007 年第 4 期。
⑧ 彭小龙：《人民陪审员制度的复苏与实践：1998—2010》，载《法学研究》2011 年第 1 期。
⑨ 季金华：《司法公信力的意义阐释》，载《法学论坛》2012 年第 5 期。

但从观感上来说，势必会让社会公众认为一审或原审法院的裁判存在不合法或不合理之处。这在很大程度上影响了法院裁判的既判力。再次，热点案件中民意的极端化将破坏司法所应具有的中立、理性形象。民意的极端化实际上就是情绪化。在迎合民意的过程中，一方面，那些意见未获裁判支持的民众将认为法院未能坚守中立，偏向其他人；另一方面，从专业的角度来看，法院未能坚持严格依法裁判，而是被民意左右，这显然是不理性的。总的来说，以多元、易变以及极端的形式呈现出来的民意影响了公众对司法机关的看法，进而导致司法公信力下降。

五、热点案件中民意的治理机制

（一）传统的解决方案

公地悲剧产生的主要原因就在于产权不明。产权不明导致只有人利用公地获得利益，而无人对公地进行管理。长此以往，必然导致公地的衰退。所以，破解公地悲剧的关键就在于明确产权。基于此，就产生了国有化和私有化两种解决方案：国有化方案主张将公地交由国家统一管理，由国家实际履行产权人的职责；而私有化方案则主张将公地的产权明确给私人，让私人在自身利益的激励下履行管理职责。相应的，针对热点案件中民意的治理也存在两种方案：

一是禁止公众对司法案件进行公开讨论，一切信息只能由司法机关发布。且不论该方案是否违背了言论自由这一基本原则，仅从恢复司法公信力的角度来说该方案也是不可行的。一方面，通过公众参与建立公众对司法的信任是恢复司法公信力的主要途径之一，而禁止公众对司法案件的讨论实际上就是在阻却公众参与，这与恢复司法公信力这一目标相左；另一方面，禁止公众参与司法案件的讨论并不能消弭公众对司法案件的不同看法，只能产生"道路以目"的场景。因此，简单的"禁言"并不能避免民意的衰退，反而会让民意迅速走向僵化。不过，虽然禁止公众讨论司法案件是绝不可行的，但司法机关可以通过主动发布相关信息，及时制止谣言的传播，让谣言被真相迅速淹没，实际上达到对造谣者"禁言"的效果。消除谣言，让公众的讨论建立在真实信息的基础之上，这是避免民意进一步衰退的基础性工作。

二是参与者实名化。每个人都应当对自己的言行负责，这本就是文明社会的基本准则，无须质疑。但是，实名化是否是落实这一准则的适当方式呢？首先，即使在匿名的情况下，通过 IP 追踪等技术手段照样能够确定发言人的真实身份，实名化只不过使其更加便捷。然而，国家机关的这种便捷是建立在公民付出更多成本的基础之上的。例如，实名化可能增加公民信息泄露的风险等等。国家机关不应以牺牲公民利益的方式来履行其执法职责。其次，实名化还可能使公民"因为惧怕'秋后算账'而主动抑制言论自由的行使，使一些可能有益、但存在被打压可能性的言论被扼杀在摇篮里"①。显然，鼓励公众多发表意见是健康的民意得以形成的重要前提，公众主动"禁言"只会导致民意的呆滞和失真。最后，从实际效果来看，实名化并不能减少谣言和诽谤等恶意言论的产生。例如，韩国通过《信息通信基本保护法》等法律建立了网络实名制度，成为世界上第一个实施网络实名制的民主国家。然而，实名制实施两个月后，"恶意网帖仅减少2.2%"；实施三年后"网络上的诽谤跟帖数量从原先的13.9%减少到12.2%，仅减少1.7个百分点"②。可以说，从净化网络言论的角度来看，实名制是失败的。总的来说，公众在参与司法案件的讨论时，应当对自己的言论负责。但是，实名化并不是一个理想的方式。

(二)自主治理方案

面对公地悲剧，"无论国家还是市场，在使个人以长期的、建设性的方式使用自然资源系统方面，都未取得成功；而许多社群的人们借助既不同于国家也不同于市场的制度安排，却在一个较长的时间内，对某些资源系统成功地实行了适度治理"③。这个既不同于国家也不同于市场的制度就是自主治理制度，即共同体的成员通过自主协商，达成一个有约束力的协议，并且承诺按照达成一致的协议行动，同时他们之间相互监督，以确保协议的履行。自主治理制度解决了公地治理中的三个难题，即新制度供给问题、可信承诺问题以及相互监督问题。而在热点案件的民意治理中，也必须解决这三个问题。具体来说，可以采取如下几点措施：

一是培养法治文化，使公众对司法案件的讨论能够在法治文化背景下展开。当代中国的法治文化包括十个核心要素，即"规则文化、程序文化、民主文化、共和文化、人权文化、自由文化、正义文化、和谐文化、理性文化、普适文化"④。其中，对司法案件的讨论最为重要的是规制文化和程序文化。首先，公众在参与讨论时应当主动了解相关法律规定，并以此作为自己发言的基础。这样既有利于公众更加理性地看待媒介信息，又可以使大家的讨论更具有针对性。其次，公众在参与讨论时应当尊重司法程序。

---

① 韩宁：《微博实名制之合法性探究——以言论自由为视角》，载《法学》2012年第4期。
② 周永坤：《网络实名制立法评析》，载《暨南学报(哲学社会科学版)》2013年第2期。
③ [美]埃莉诺·奥斯特罗姆：《公共事物的治理之道：集体行动制度的演进》，余逊达、陈旭东译，上海译文出版社2012年版，第1页。
④ 张文显：《法治的文化内涵——法治中国的文化建构》，载《吉林大学社会科学学报》2015年第4期。

司法所追求的是程序正义，因此，在司法程序中会存在一些特殊的规则，如非法证据排除规则等。这些规则、程序与普通群众的惯常认知存在一定的区别，因而常常不被公众所理解，也容易引发争议。司法裁判是建立在法律事实之上的，公众只有在尊重规则、尊重程序的基础上去认识、辨别媒介信息，所形成的民意才能够接近案件的真实信息。

二是加强自律，使公众在司法案件的讨论中能够坚守实事求是的底线。在利用民意影响裁判结果的情景中，每个参与者都有这样的担心，即如果自己不做恶意引导民意的事而别人却做了，自己岂不是很吃亏？这种担心是可以理解的。要化解公众的疑虑，则必须使每一个参与者（特别是新闻媒介、学者、律师等拥有较大话语权的群体）都能严格自律，遵守实事求是的基本原则。首先，新闻媒介应当承担更多的社会责任。在对司法案件的报道上，新闻媒介应当尽可能地做到全面、客观、中立，避免恶意引导社会舆论。同时，自媒体平台也应当加强对用户的约束，及时删除不实信息和不良言论。其次，学者、律师等具有较大话语权的群体应当清楚地认识到自己的影响力，谨慎发言。特别是，法官、检察官、律师等法律职业共同体应当"形成、持守在体制内处理问题、化解矛盾的共识与合力"①。这样才有利于引导公众在法律规则之下讨论司法案件。

三是建立曝光机制，使公众在对司法案件的讨论中能够相互监督。"一个自主组织的群体必须在没有外部强制的情况下解决承诺问题。他们必须激励他们自己（或他们的代理人）去监督人们的活动、实施制裁，以保持对规则的遵守。"②在对司法案件的讨论过程中，应当建立针对恶意造谣者的惩罚机制，以督促参与者良性参与案件的讨论。其中，曝光机制是一个很好的选择。谣言止于真相。通过建立曝光机制，及时曝光恶意言论，既可以消除恶意言论带来的不良影响，又能够让发表恶意言论的参与者失去信誉，最终得不偿失。

总的来说，在法意与民意的互动过程中，由于民意对裁判结果的影响力是真实存在的，因而当事人、社会公众、学者、律师等主体纷纷参与到案件的讨论之中，试图用自己的观点引导民意，进而影响裁判结果。然而，多元社会主体的参与使得民意呈现多元、易变、极端等特征，并进一步导致司法公信力下降。面对热点案件中民意的公地悲剧现象，禁言与实名制均无法有效地廓清法意与民意的互动乱象，而所谓的自主治理方案的效力亦有待验证。在此背景下，有必要进一步研究法意与民意的关系，并建立一套符合自媒体时代特征和我国司法体制的互动机制。

---

① 葛洪义：《一步之遥：面朝共同体的我国法律职业》，载《法学》2016 年第 5 期。
② ［美］埃莉诺·奥斯特罗姆：《公共事物的治理之道：集体行动制度的演进》，余逊达、陈旭东译，上海译文出版社 2012 年版，第 53 页。

第二章　法官的境况：热点案件中法官的行为逻辑

一、热点案件中的法官

在自媒体时代，法官审理案件(尤其是热点案件)时必须直面民意(舆论)与法意的冲突。近年来，热点案件不断涌现，如彭宇案、李昌奎案、药家鑫案、许霆案、赵春华案、于欢案等。这些案件被媒体曝光之后，在社会上(特别是自媒体平台上)引起了广泛的讨论，并且形成了所谓的"民意"。而通常情况下，这些"民意"与"法意"或"判意"之间存在较大的区别。一方面，法律要求法官必须依法裁判，法律是司法裁判的根本准则；另一方面，"司法为民""人民司法"又是我国重要的司法理念，让人民群众满意是司法裁判的一个重要追求。在热点案件中，法官处于"民意"与"法意"的二元张力之中。

在热点案件审理过程中，法官应当如何对待以民意形式呈现的司法舆论呢？有学者认为，民意对于司法具有积极作用，法官在进行司法裁判时应当参考和吸纳民意。例如，顾培东认为，民意是"司法机构处置个案的重要参考"，不仅"不构成对司法独立性的贬损"，反而是"司法公开化、民主化的有益实践"；[1] 苏力也认为"民意是司法合法性的最终基础"，法官"理解和吸纳民意的政治判断和政策考量不可避免，并且必要"。[2] 也有学者认为，法官参考民意进行裁判违法了审判独立原则，应当彻底清除民意对司法的影响。例如，周永坤认为民意具有"多元性""易变性""非理性""易受操纵性"以及"案后性"等特点，其不宜成为审判的依据；[3] 孙笑侠认为民意不仅仅是对"法律个案中的具体问题"的讨论，还表达了人们对"结构性的社会问题"的不满，民意所具有的这种复杂性也就决定了民意不应简单地作为司法裁判的依据；[4] 刘练军更是指出，民意影响

---

[1] 顾培东：《公众判意的法理解析——对许霆案的延伸思考》，载《中国法学》2008 年第 4 期。
[2] 苏力：《法条主义、民意与难办案件》，载《中外法学》2009 年第 1 期。
[3] 周永坤：《民意审判与审判元规则》，载《法学》2009 年第 8 期。
[4] 孙笑侠：《公案的民意、主题与信息对称》，载《中国法学》2010 年第 3 期。

审判是"民粹主义盯上了司法"的结果，应当彻底"涤除"民意对司法的影响。①

上述观点侧重于分析民意本身所具有的特性，并在此基础上进一步论证民意是否应当成为司法裁判的参考依据之一。这种分析思路的前提是，在厘清民意与法意的关系之后，法官会欣然接受这样的安排。然而，身处舆论旋涡之中的法官是否会"依计行事"，是值得怀疑的。众多热点案件的改判已经证明，不论是否参考民意，法官都能作出一份在法律上逻辑自洽的司法裁判。也就是说，法官拥有自由裁量的空间。从司法实践的角度来说，这并不是一个民意是否应当成为裁判参考的问题，而是法官是否会选择参考民意的问题。

就热点案件的司法裁判而言，既然法官拥有较大的自由裁量空间，那么，研究法官的选择行为及其背后的逻辑，则显得十分重要。虽然对人的行为的研究可谓汗牛充栋，但是美国犹太裔女思想家汉娜·阿伦特（Hannah Arendt）的研究却不容忽视。汉娜·阿伦特从人的境况出发，对人在不同境况下的活动进行了深入分析，对于研究法官（特别是热点案件中的法官）的裁判行为具有很强的启发意义。

二、人的境况

亚里士多德将善或幸福的生活分为三种，即"享乐的生活""公民大会的或政治的生活"以及"沉思的生活"。② 阿伦特继承并发展了亚里士多德的这种划分方式，她从人的境况出发，将人类行为划分为劳动、工作与行动，从而开启了她的人学之旅。

（一）生命与劳动

作为生物有机体，人首先要面对的是生命本身，即人的生命境况。人的生命受自然规律的支配，具有必然性。一方面，从人类文明的角度来看，人类生存于其中的自然界是一个具有相对稳定性和持续性的客观存在。这个自然界是"每个人到来之前就在那里，在他离开之后还继续存在的地方"③。自然界中的所有事物都遵循着一成不变的自然规律，循环往复。自然界就是一个按照客观规律运行的、没有开始也没有结束的永恒轮回。另一方面，就人的生命来看，其与所有生物一样，遵循着永恒的自然规律，从生到死，无休止地重复。"生命是个无所不在地消耗着耐用品，磨损它，把它用光耗尽的过程，直到最终死亡（每个微小、单一、往复的生命过程的结局）后，返回到自然界无所

---

① 刘练军：《民粹主义司法》，载《法律科学》2013 年第 1 期。
② ［古希腊］亚里士多德：《尼各马可伦理学》，廖申白译，商务印书馆 2003 年版，第 11 页。
③ ［美］汉娜·阿伦特：《人的境况》，王寅丽译，上海人民出版社 2009 年版，第 71 页。

不包的巨大循环当中。"①受生命必然性的支配，人必须不断地从自然界中获取维持生命的必需品。而这一任务则是通过人的劳动来完成的。

劳动是"与人身体的生物过程相应的活动，身体自发的生长、新陈代谢和最终的衰亡，都要依靠劳动产出和输入生命过程的生存必需品"②。然而，虽然劳动维持了人的生命存续，但是在古代，人们却长期存在着对劳动的蔑视。这是由于劳动意味着人受到了生命必然性的支配或奴役，因而被认为是奴性的。同时，在受生命必然性支配方面，人与其他动物并无二致，体现了人与其他动物的同一性，反过来也表明劳动并非人的本质。而为了过真正的人的生活，就必须摆脱生命必然性的支配，从劳动中解放出来。要么通过奴隶的劳动来提供生活必需品，要么通过劳动效率的提高赢得从事其他活动的时间。基于人人生而平等的文明理念，奴隶制已经被人类所抛弃。因而，要想过真正的人的生活就必须提高劳动效率，在生产足够的生命必需品的前提下，为人类的其他活动预留充分的时间。"工具和器械减轻了劳动的辛劳痛苦，从而也整个地改变了劳动固有的显示方式。"③

劳动的人之境况是生命本身。作为劳动动物的人具有无世界性（worldlessness）的特征。一方面，劳动的产物只能在世界上做短暂的停留。"一切劳动的特点正是留不下任何东西，它辛苦劳动的产物几乎在劳动的同时就被迅即消耗掉了。"④劳动的产物要么被人的生命过程所迅速吸收，要么通过自行腐烂回归自然界。另一方面，"在劳动活动中，人既不是与世界在一起，也不是与他人在一起，而是单独地拥有他的身体，独自面对生存赤裸裸的必然性"⑤。劳动动物通过重复的、同一的劳动，生产生活必需品，其所关注的只是生活必需品以及自身需求的满足。可以说，劳动具有私人性。

（二）世界性与工作

除了自然界以外，人类还生存于一个人造的事物世界之中。这个人造的事物世界是一个我们一出生便进入其中，直到死亡方才离开的地方。它存续的时间远远超过我们的生命时间，并且面向过去和未来开放。这个人造的世界便是人的另一个境况，即世界性（worldliness）。与世界性相对应的人的活动是工作，"我们双手的工作制造出无限多样的东西，它们的总和构成了人造物"⑥。

① ［美］汉娜·阿伦特：《人的境况》，王寅丽译，上海人民出版社 2009 年版，第 70 页。
② ［美］汉娜·阿伦特：《人的境况》，王寅丽译，上海人民出版社 2009 年版，第 1 页。
③ ［美］汉娜·阿伦特：《人的境况》，王寅丽译，上海人民出版社 2009 年版，第 90 页。
④ ［美］汉娜·阿伦特：《人的境况》，王寅丽译，上海人民出版社 2009 年版，第 64 页。
⑤ ［美］汉娜·阿伦特：《人的境况》，王寅丽译，上海人民出版社 2009 年版，第 167 页。
⑥ ［美］汉娜·阿伦特：《人的境况》，王寅丽译，上海人民出版社 2009 年版，第 105 页。

工作是"与人存在的非自然性相应的活动"①，它为人提供了一个完全不同于自然环境的人造世界。工作具有如下特征：其一，工作所制作之物具有持存性（durability）。劳动所生产之物会被迅速消耗或者自行腐烂，但是工作所制作之物则会在世界上存续很长一段时间。工作所制作之物可以被重复使用，虽然最终可能会被磨损消耗掉，但是相对于人的生命时间来说，工作所制作之物具有客观性和存续性。其二，工作是在模型的引导下完成的。在工作之前，技艺者必须对产品的形象和要素进行构思，并且通过影像或者模型在大脑中显现出来，进而在这些影像或模型的指导下完成产品的制作。工作实际上是对实践理性的实用性运用的一种具体表现。另外，在作品完成之后，这些影像和模型也不会立即消失，而是可以继续指导重复的制作过程。也就是说，工作所制作之物具有可复制性。其三，工作过程存在着手段与目的的划分。一方面工作过程在产品中达到了目的，即产品是工作过程的目的；另一方面工作过程仅仅是实现目的的手段，即工作过程是为了生产出产品。而劳动则无所谓目的，"主宰着劳动过程和一切以劳动方式进行的工作过程的，既不是人的有意图努力，也不是他想要的产品，而是过程本身的运动和它强加在劳动者身上的节奏"②。其四，工作过程的可逆性与可预见性。工作过程可以重复进行，其产品也可以被无限复制，因而即使产品被破坏也不至于无法弥补。也就是说，工作过程并非无法回头，而是可以重新开始的。另外，就技艺人而言，"其整个活动都是由标尺、尺度、规则、标准的经常使用来决定的"③，因而是可以预测的。

在工作过程中，评价一切事物的标准在于其对实现所欲之目的的有用性。同时，所有的目的都是暂时的，它们一旦被实现又会立即转化成实现下一个目的的手段。这种严格的功利主义哲学的困境在于无法区分目的和意义，即无法区分"为了什么"（in order to）与"为了什么的缘故"（for the sake of）。在功利主义哲学的指导下，"有用和功利被确立为人的生活和世界的最终标准"④，无意义性是工作的最大困境。

（三）复数性与行动

复数性（plurality）是人的另一种境况，即"不是单个的人，而是人们，生活在地球上和栖息于世界"⑤。而每个人都是具体的、特殊的，并不存在抽象的人，没有人和曾经活过、正活着或将要活的其他任何人相同。人的复数性具有平等和差异双重属性。所谓

---

① ［美］汉娜·阿伦特：《人的境况》，王寅丽译，上海人民出版社2009年版，第1页。
② ［美］汉娜·阿伦特：《人的境况》，王寅丽译，上海人民出版社2009年版，第112页。
③ ［美］汉娜·阿伦特：《人的境况》，王寅丽译，上海人民出版社2009年版，第126页。
④ ［美］汉娜·阿伦特：《人的境况》，王寅丽译，上海人民出版社2009年版，第120页。
⑤ ［美］汉娜·阿伦特：《人的境况》，王寅丽译，上海人民出版社2009年版，第1~2页。

平等，是指每个人都是这个世界上独立的、完整的存在的个体，其与其他人是平等的，与自己的先辈和后辈也是平等的。而所谓差异（distinctness）则表现在两个层次上：一则，人与人之间的差异是动态的，表现在不断变化的人类活动之中，这是差异性与他者性（otherness）的区别所在；二则，人与人的差异通过言说和行动显现出来，其建立在人的主动性基础之上，因而不同于单纯的身体上的区别。正是由于人的复数性，使得平等且有差异的人之间产生了相互交流的需要。人们在公共领域表达自己的观点，展示自己的特殊性，并且通过协商交流达成共识。可以说，人的复数性境况意味着人类活动的公共性特征，而公共领域中对应的人类活动则是行动。

行动是"唯一不需要以物或事为中介的，直接在人们之间进行的活动，相应于复数性的人之境况"①。劳动保障了人之生命的延续，为人的活动提供了基本条件；工作创造了一个稳定的人造物世界，为人的活动提供了场所；而行动则发生在人与人之间，通过言说创造了一个公共领域，使得人们能够相互了解。人的行动有两个特征：一是不可预测性。人具有诞生性（natality），每一个新生命的诞生都意味着新的希望和新的可能，而"以言说和行动让自己切入人类世界，这种切入就像人的第二次诞生"②。这意味着，人的行动并非事先约定好的，而是一种创造性的活动，任何人都无法预测将会发生什么。这种不可预测性也正是人类行动的魅力所在。二是不可逆性。劳动受制于生命的必然性，是一种在自然规律的强制下进行的、循环往复的活动，无所谓可逆与否；工作是在既有模型或蓝图的指导下进行的制作活动，当制作之物不符合蓝图或模型时，完全可以弃之不用，重新开始；而行动则不然，"单个行动的过程甚至能一直持续到人类自身走向末日的那一天"③。每个人的行动都只是人类共同活动的一个组成部分，一旦单个行动发生，那么它对整个人类活动的影响也就产生了，而人类活动之后的走向也就并非行动者所能左右的了。

行动是最为自由的人类活动。劳动是一种受制于生命必然性的活动；工作陷入了手段与目的的桎梏，成为一种无意义的活动；只有行动是一种展示真实自我的自由活动。行动是一个新的开端，是对原有状态的破坏，是一个从无到有的过程，具有创新性和不可预测性。行动的意义不能用动机、目的、工具等功利主义思想去评价，行动本身孕育着伟大，其意义在于对"不朽"的追求。④

每个人都面临着生命本身、世界性以及复数性三种境况，相应的，人们会有劳动、

---

① ［美］汉娜·阿伦特：《人的境况》，王寅丽译，上海人民出版社 2009 年版，第 1 页。
② ［美］汉娜·阿伦特：《人的境况》，王寅丽译，上海人民出版社 2009 年版，第 139 页。
③ ［美］汉娜·阿伦特：《人的境况》，王寅丽译，上海人民出版社 2009 年版，第 181 页。
④ ［美］汉娜·阿伦特：《人的境况》，王寅丽译，上海人民出版社 2009 年版，第 12 页。

工作以及行动三种行为。这三种境况与行为并非相互排斥的，它们可以同时存在于一个人之中，但是却有着不同的适用范围。一般来说，人的生命境况对应的是私人领域（例如家庭等），在这个领域中，人们通过劳动获取生命必需品，维持生命的延续；人的世界性境况对应的是社会领域（例如交换市场等），在这个领域中，人们通过工作创造了一个人造物的世界；人的复数性境况对应的是公共领域（例如政治国家），在这个领域中，人们通过行动创造不朽的伟业。阿伦特对人的境况、行为、领域的三种划分，实际上是在分析人在不同境况下的行为逻辑，并且带有理想色彩地将这三种行为逻辑分别对应于三种人类活动领域。且不论这种理想是否能够实现，仅就其关于人的境况与行为的划分而言还是具有很强的启发意义的。人在不同的境况下会有不同的行为逻辑，相应的，法官在面对不同的境况时也会做出不一样的裁判行为。

三、法官的境况

（一）法官的三种境况

首先，法官要面对的是人的生命境况，即生存问题。就人的自然属性而言，法官要通过劳动为自己提供充足的生活必需品，这是其进行司法裁判活动的前提条件；就人的社会属性而言，法官还需要为其他家庭成员提供生活必需品。人们基于血缘和婚姻等原因组成家庭，每个人都是作为一个家庭的成员而存在于人类世界，家庭成员之间有相互扶助的道德和法律义务。法官所面临的生命境况实际上是整个家庭的生存问题，即满足家庭成员的食物、衣服、住房以及教育等需求。

既然"为了提供生活必需品而从事的职业，也被归入劳动之列"[①]，那么，法官的裁判活动也可以被视为一种劳动。从这个意义上来说，法官从事裁判活动的首要目的在于解决其生存问题，其所考虑的是如何通过裁判活动获取充足的家庭生活必需品。为了实现这一目的，法官必须完成足够的裁判任务，以及其他的非裁判工作，顺利地通过绩效考核。根据最高人民法院《关于开展案件质量评估工作的指导意见》的规定，人民法院的案件质量评估体系由审判公正、审判效率以及审判效果3个二级指标以及31个三级指标组成。在实践中，地方法院不断增加和细化绩效考核指标，"部分地方法院，甚至与软件公司合作，将这些指标扩展至111项"[②]。最为关键的是，"这些考核指标同法官

---

① ［美］汉娜·阿伦特：《人的境况》，王寅丽译，上海人民出版社2009年版，第62页。
② 刘炜：《法官绩效考核之忧》，载《民主与法制时报》2012年6月11日。

个人的评优评先、晋职晋级以及福利或惩处等直接挂钩"①。有些法院甚至实行"末位淘汰制"，考核中不合格的法官将被调离审判岗位。在这种情况下，作为劳动者的法官必须严格按照绩效考核的要求安排自己的裁判活动，避免考核不合格的情况发生，这样才有可能为家庭获得充足的生活必需品。

其次，法官要面对的是世界性境况，即既存的法律规定与司法判例。法律颁布实施后，非经法定修改或废止程序，其效力将一直存续，司法判例亦然。法官的裁判行为是在既有的法律和司法判例之下进行的，必须严格遵循程序性和实体性法律的规定，尊重既有司法判例的约束性效力。也就是说，法官的裁判行为应当符合法教义学所说的"现行法秩序"，这个"现行法秩序"构成了法官所面临的世界性境况。

在这种境况下，法官的理想角色是技艺者，而其裁判行为则可以被视为一种工作。法官的裁判行为是在现行有效的法律和判例的指导下，运用法律思维、法律推理等司法技艺，对既有模型的复制。一方面，这种复制行为是可以预见的，人们可以通过既有法律、判例预测案件的判决，这是法律秩序稳定性的要求；另一方面，这种复制行为是可逆的，一旦出现错误判决，可以通过再审等监督机制重新启动新一轮的裁判活动。正因为法官的裁判行为是一种可复制的工作，因而评价这项工作的标准则是其与模型的相似性，即裁判结果是否符合现行法律、判例。

最后，法官要面对的是复数性境况，即不断出现的新情况。人的诞生性意味着每一个人的出生都是一个新的开端，每个人都是特殊的个体，因而众多的人所组成的人类社会也就具有了复数性。这种复数性预示着我们无法准确地预测人的行为，或者说人类的行为总会有新的情况出现。具体到司法领域，复数性意味着法律规定无法涵盖所有人类行为，总是会有法律未明确规定的新情况出现。而作为裁判者，法官不得拒绝裁判，其必须直接面对这些新情况。在这种境况下，法官的行为应该是行动，而不是劳动或工作。

作为行动的司法裁判行为是在理性思考的情况下做出的，其具有不可预测性。一方面，由于面对的是新情况，法律、判例都没有明确的指引，法官将如何判决完全取决于法官的自由裁量，因而是无法准确预测的；另一方面，作为行动者，法官不能"任性"，其必须充分考虑各种因素，在"人与人之间"进行理性商谈，最终形成一个共识型判决。作为行动者的法官，其所追求的既非工作任务的按量完成，亦非对现行法秩序的简单模仿，而是试图创造一个伟大的判例。

---

① 李拥军、傅爱竹：《"规训"的司法与"被缚"的法官——对法官绩效考核制度困境与误区的深层解读》，载《法律科学》2014 年第 6 期。

（二）热点案件中法官的困境

从实践的角度来看，在热点案件的审理过程中，法官很难做到独立审判。实际上，除了法官、原被告或控辩双方之外，至少还有民众、媒体以及为政者等三方面的主体对热点案件的审理发挥了重要影响。其中，民众通过自媒体表达其对原被告或控辩方的支持与反对，形成强大的民意。而为政者出于维护社会稳定、争取民众支持等因素的考量，一般不会置民意于不顾。"通常来讲，民众不会直接影响司法，而是民意影响着政治，政治再影响了司法，司法从来都是政治的一部分。"[①]各方之间形成了一种政治上的角力关系，"可以说这是一个'政治力学'问题"[②]。而法官则正好处于旋涡的中心，其必须综合权衡法意、民意以及权意，理想的结果是能形成一个为各方所接受的判决。具体来说，法官面临着如下几种境况。

首先，对"劳动"的威胁。在热点案件中，民意与法意往往是相互冲突的，法官必须妥善处理二者的关系。一方面，法官必须坚持依法裁判，不得违反法律的明确规定；另一方面，法官要妥善回应民意的诉求，不能简单地无视民意。无论是枉法裁判，还是激起民愤，法官都将面临十分不利的后果，甚至有可能被开除或面临牢狱之灾。也就是说，审理热点案件是一项充满风险的事情，法官很有可能无法继续将审判活动作为获取自身及其家庭成员生活必需品的劳动。

其次，对"工作"的否定。在普通案件的审理过程中，法官一般将审判活动视为一种工作，即按照现行法秩序所建构的模型制作判决。而在热点案件的审理过程中，若法官继续将审判活动视为一种工作，不顾及民意的影响，严格依法裁判，那这样的判决显然是无法为各方所接受的。这也表明了热点案件的特殊性，其之所以成为热点案件，很大程度上是因为严格依法裁判的结果与民众的一般认识相去甚远，这种落差正是舆论的焦点。民众无法接受一个不符合社会大众基本认识的判决，也就意味着民众无法接受法官将热点案件的审理仅仅视为一种工作。

最后，对"行动"的期盼。热点案件中的各方主体，特别是民众，希望法官能够突破现行法秩序的桎梏，为了实现个案正义，创造一个新的、伟大的判例。民众的这种期盼实际上是要求法官扮演行动者的角色，将审判活动视为一种行动。这就意味着，一方面，法官应当放弃对现行法秩序一成不变的坚守，接受法律应当随着社会的发展而发展的观念；另一方面，法官应当主动承担造法责任，进入公共领域，通过法意与民意之间

---

① 王启梁：《法律世界观紊乱时代的司法、民意和政治——以李昌奎案为中心》，载《法学家》2012年第3期。
② 孙笑侠：《司法的政治力学——民众、媒体、为政者、当事人与司法官的关系分析》，载《中国法学》2011年第2期。

的理性协商，达成交往共识。

热点案件中法官的困境是由法官、原被告或控辩双方、民众、媒体以及为政者等多方主体共同建构的。在这个困境中，法官的裁判行为受到很大的限制，一是法官的劳动机会受到了威胁，其面临着无法继续从事裁判活动的风险；二是法官不能将裁判活动视为一种工作，其无法继续依赖技艺人的司法技艺；三是各方主体都期望法官能够将裁判活动视为一种行动，并创造一份为各方所接受的伟大判决。然而，按照行动的逻辑处理司法裁判活动不仅意味着法官造法，而且还意味着法官的裁判行为将在"人与人之间"进行，即在各方主体之间进行，或者说在公共领域中进行。而协调沟通各方主体的意见并达成共识是一项极其复杂的任务，法官能否胜任、司法程序能否容纳以及事后法律体系可否融贯等等都是值得怀疑的。

四、法官的裁判逻辑

面对无法回避的困境，法官裁判行为的逻辑值得进一步检视。关于法官的裁判模式，一直存在着两种不同的理解，即法条主义与结果主义。法条主义认为，法官应当严格遵循三段论推理模式，依据法律和事实做出判决；而结果主义则认为，法官应当充分考量各种相互冲突的利益和价值，做出一份可接受的、符合实际情况的判决。法条主义的逻辑是：法律规定是完美无缺的，案件事实也是确定无疑的，因此，法官只需要将具体的案件事实涵摄于相应的法律规定即可获得正确的判决。然而，实践证明，法律规定并非总是完备的，无法可依或法律规定相互冲突的情况时有发生，这就为结果主义裁判模式提供了生存空间。结果主义裁判模式依赖法官的个人能力和道德自律，体现了法官主体性的张扬，其后果是"法律思维中规范隐退"[1]，直接威胁到了以形式法治为特征的现代法治秩序。虽然，法条主义与结果主义之间针锋相对，但是，"无论如何，案件必须在法律的名义下被裁决，这是法治最低限度的要求"[2]，也是法条主义与结果主义的基本共识。在这个共识之下，基于热点案件中法官的境况来看，可以从如下几个方面来看待法官的裁判行为。

首先，以"劳动"为基础。通过劳动获取生活必需品，从而使生命得以延续，这是人类一切活动的基本前提。而通过完成司法审判任务获取生活必需品则是法官参与司法裁判的最原始考虑，必须给予尊重。为此，应当从如下两个方面完善法官的职业保障体

---

[1]　陈金钊：《法律人思维中的规范隐退》，载《中国法学》2012 年第 1 期。
[2]　孙海波：《"后果考量"与"法条主义"的较量——穿行于法律方法的噩梦与美梦之间》，载《法制与社会发展》2015 年第 2 期。

系：一是要为法官提供一份适当的薪酬，使得其在完成基本审判任务的情况下便能够获得充分的生活必需品。据调查，我国法官（特别是基层法官）的待遇普遍偏低，这已经成为法官流失的主要原因之一。[①] 适当提高法官待遇，使其能够在当地过一种体面的生活，是一个亟待解决的问题。二是要建立法官履行法定职责保护机制，不因法定事由和法定程序不得处分、调离、辞退法官。特别是，在热点案件的审理过程，法官必须同时面对当事人、民众以及为政者等多方主体，难免会"得罪"其中一方。只有保障法官不会被随意处分、调离、辞退，才能使法官坚定地依法裁判。

其次，以"工作"为原则。将裁判行为视为一种工作，意味着法官将自己定位为技艺人，而技艺人的思维方式与法条主义的思维方式是高度契合的。作为技艺人的法官，其坚持由法律与判例组成的法秩序模型的指导，试图通过对案件事实的加工，制作一份与模型高度一致的判决。技艺人在工作中所面对的是一个物的世界，技艺人式的法官在司法裁判中所要处理的仅仅是现行法秩序与案件事实，是一种人与物或者主客体之间的关系。技艺人式的法官排斥其他主体的介入，其在司法裁判过程中不考虑与现行法秩序及案件事实无关的因素。实际上，在绝大多数情况下，法律条文是明确的，依据三段论所得出的判决也是没有争议的。即使是热点案件，其争论的主题也并非一定是法律问题。有学者通过类型学研究，将热点案件划分为"官民冲突案件""权贵身份案件""社会民生案件""道德底线案件""公德困境案件"以及"迷离疑难案件"等六种类型，并得出结论，认为"民众关注个案其实并不一定是局限于个案的具体判决，而是要表达他们对结构性社会问题不满的民间情绪"[②]。可见，若将热点案件当作法律案件而非政治事件，那么，法条主义在绝大多数情况下是可行的、有效的。因此，法官将裁判行为视为一种工作，运用技艺人的思维方式处理案件，在绝大多数情况下是没有问题的。

最后，以"行动"为例外。不可否认的是，某些热点案件是因为法律规定的空白，或者严格依法裁判将会导致明显的不公正结果等原因而产生的。在这种情况下，民众、为政者等主体期望法官能够变通处理，做出一份符合社会预期的判决。对于这种案件，法官实际上不再仅仅面对现行法秩序与案件事实，而是还必须面对其他社会主体。法官所要处理的不再仅仅是主客体之间的关系，而是增加了与其他主体间的关系。此时，法官不仅需要解释法律，而且需要沟通不同主体之间的意见。因此，法官不能再以技艺人自居，而是必须成为一名行动者。作为行动者，法官突破司法领域的藩篱，进入政治公共领域，穿梭于不同主体之间，为获得一份为各方所接受的判决而奔走。可以说，这种

---

① 韩振、毛一竹：《基层法官缘何纷纷流失？》，载《民主与法制时报》2014年6月9日。
② 孙笑侠：《公案的民意、主题与信息对称》，载《中国法学》2010年第3期。

类型的案件不再是一个法律案件，而是一个披着法律外衣的政治事件。作为行动者的法官是一个立法者，其所追求的是开创一个伟大的先例。然而，虽然法官造法不可避免，但是必须对此保持高度警惕。法官只有在现行法秩序的框架下无法获得法律依据，或者依照现行法秩序来处理将会造成明显不公时，才能够化身为行动者。总之，将司法裁判视为一种行动只可能是例外情况。

随着信息传播技术的进步，以及公民参与热情的高涨，将会有越来越多的热点案件出现。在热点案件的审理过程中，法官必须直面民意与法意的冲突，其境况十分窘迫。就以往的热点案件来看，其司法裁判往往呈现如下轨迹：首先，法官严格依法裁判；接着，这份判决在社会公众之间引起广泛的讨论，经媒体"推波助澜"，进而形成热点案件；最后，由于民意对该判决的强烈不满，使得法院最终通过二审、再审等程序予以改判。从上述热点案件的发展流程来看，法官经历了由"技艺人"到"行动者"的角色转变，而通过上文的分析可以发现，这种转变在法律上是否必要是值得怀疑的。实际上，在绝大多数情况下，法官只是一个技艺者，其裁判行为只是阿伦特所说的一种"工作"，社会公众以及为政者不应该对法官的裁判行为有过多的期待。

第三章 民意的本质：法意与民意互动的合法性基础

一、合法性与司法合法性

（一）合法性理论之流变

合法性（legitimacy）[①]是政治学、法哲学的核心概念之一，其所关注的是政治统治"作为正确的和公正的存在物"而存在的"根据"是什么的问题。[②] 在原初状态下，人们处于一种相对自由、平等的状态，并没有分化出统治者与被统治者，因而也无需对统治权力进行合法性论证。"只有政治秩序才拥有着或丧失着合法性"[③]。人类进入政治社会之后，阶级分化，政治统治权力产生，相应地也就产生了对政治统治权力进行合法性论证的需要，合法性理论应运而生。对于合法性理论的研究大致遵循了三种不同的路径。

1. 理性建构主义路径

理性建构主义试图发现并确立一种绝对的、至上的、普适的价值标准，并以此来评价政治统治的合法性。符合这种价值标准的政治统治便是合法的，而不符合这种价值的政治统治则是不合法的。这种绝对的、至上的、普适的价值在不同的历史阶段具有不同的内涵。

在欧洲中世纪之前，这种价值表现为"善""正义"。亚里士多德认为，"一切社会团体的建立，其目的总是为了完成某种善业……既然一切团体都是以善业为目的，那么我们也可说社会团体中最高而包含最广的一种，它所追求的善业也一定是最高且最广的：这种至高而广涵的社会团体就是所谓'城邦'，即政治社团（城市社团）"[④]。而"政治学

---

① 英文 legitimacy 在汉语中被翻译成多个词语，其中使用较多的是合法性、正当性以及正统性等，为了避免混淆，本书一律使用"合法性"这种译法。关于 legitimacy 的各种不同译法以及它们之间的区别，见刘杨：《正当性与合法性概念辨析》，载《法制与社会发展》2008 年第 3 期。

② ［德］哈贝马斯：《交往与社会进化》，张博树译，重庆出版社 1989 年版，第 184 页。

③ ［德］哈贝马斯：《交往与社会进化》，张博树译，重庆出版社 1989 年版，第 184 页。

④ ［古希腊］亚里士多德：《政治学》，吴寿彭译，商务印书馆 1965 年版，第 3 页。

上的善就是'正义',正义以公共利益为依归"①。因此,以公共利益为具体表现形式的"善""正义"便是评价政治统治是否合法的标准,"凡照顾到公共利益的各种政体就是正当或正宗的政体;而那些只照顾到统治者们的利益的政体就都是错误的政体或正宗政体的变态(偏离)"②。按照这种论证路径,掌握了"善""正义"的圣贤应当成为统治者,亦即合法的政治统治应当是柏拉图式的"哲学王"的统治。

在欧洲进入神权时代后,这种绝对的、至上的、普适的价值被理解为神的旨意。托马斯·阿奎那指出,宇宙的整个社会是由"神的理性"所支配的,"指导一切行动和动作的神的智慧"就是永恒法,而一切人法"总是从永恒法产生的"。③ 同时,人法应当"由市民社会的统治者来加以颁布"④。所以"宗教权力和世俗权力都是从神权得来的"⑤。因此,合法的统治及其法律应当符合神的旨意,即永恒法。

随着宗教改革运动的发展,欧洲中世纪神学逐渐式微,仅仅依靠神的旨意而获得的合法性受到了怀疑。而文艺复兴运动对人性的发现则进一步肯定了人的价值,人类社会由"神的统治"进入到"人的统治"。卢梭、孟德斯鸠等启蒙思想家从契约论的角度论证了"人的统治"的合法性。卢梭认为,"既然任何人对于自己的同类都没有任何天然的权威,既然强力并不能产生任何权利,于是便只剩下约定才可以成为人间一切合法权威的基础"⑥。同时,这种社会契约的订立应当是基于特定的程序并且符合特定的前提假设的。例如,人民在订立社会契约时,应当"同等地""毫无保留地""向全体"奉献出自己。⑦ 而人民所转让的人格仅仅局限于"公共人格",而不包括"天然的独立于公共人格之外的"生命、自由和财富。⑧ 在这种情况下,"证明的程序和假设前提本身就是合法化之有效性立于其上的基础"⑨,合法性问题被局限于程序合法性或者合法律性的范围之内了。在这种情况下,超验的价值规范不仅仅获得了合法性判准的地位,而且还通过既定的程序以公意的形式被现实地表达出来。从而,评价政治统治的合法性便有了可操作的具体标准和程序。因此,卢梭意义上的合法统治应当是在符合特定的前提和程序的情况下产生的基于公意的统治,该理论也构成了现代国家合法性的理论基础。

作为理性建构主义路径的当代继承者,约翰·罗尔斯试图复活社会契约理论,为现

---

① [古希腊]亚里士多德:《政治学》,吴寿彭译,商务印书馆1965年版,第148页。
② [古希腊]亚里士多德:《政治学》,吴寿彭译,商务印书馆1965年版,第132页。
③ [意]托马斯·阿奎那:《阿奎那政治著作选》,马清槐译,商务印书馆1982年版,第111页。
④ [意]托马斯·阿奎那:《阿奎那政治著作选》,马清槐译,商务印书馆1982年版,第117页。
⑤ [意]托马斯·阿奎那:《阿奎那政治著作选》,马清槐译,商务印书馆1982年版,第152页。
⑥ [法]卢梭:《社会契约论》,何兆武译,商务印书馆2005年版,第10页。
⑦ [法]卢梭:《社会契约论》,何兆武译,商务印书馆2005年版,第20页。
⑧ [法]卢梭:《社会契约论》,何兆武译,商务印书馆2005年版,第37页。
⑨ [德]哈贝马斯:《交往与社会进化》,张博树译,重庆出版社1989年版,第191页。

代民主社会建立一种实用和系统的道德基础。在罗尔斯看来，社会契约的任务并不在于"进入一种特殊社会或建立一种特殊政体"，而是在于选择"适用于社会基本结构的正义原则"。① 罗尔斯提出了两个正义原则：第一个原则，"每个人对所有人所拥有的最广泛平等的基本自由体系相容的类似自由体系都应有一种平等的权利"；第二个原则，"社会和经济的不平等应该这样安排，使它们：①在与正义的储存原则一致的情况下，适合于最少受惠者的最大利益；②依系于在机会公平平等的条件下职务和地位向所有人开放"②。罗尔斯明确指出，"正义是社会制度的首要价值"，而"某些法律和制度，不管它们如何有效和有条理，只要它们不正义，就必须加以改造或废除"③。因此，正义便成了合法与否的判断标准。

理性建构主义路径下的合法性理论虽然经历了不同的发展阶段，每个阶段存在很大的差别，但是从思维方式的角度来看，它们"都为作为被统治者的人们预设了一些必须遵守和服从的伦理原则或自然法原则"，并以此来判断政治统治的合法性。④ 从"善""神意""公意"到罗尔斯的两个正义原则，虽然价值内涵各不相同，甚至水火不容，但是其作为合法性判准的至上地位是相同的。这种价值绝对主义和目的论的倾向，极易导致用目的的正当性论证手段的正当性，甚至发展成为专制主义。

2. 经验主义路径

受经验主义哲学的影响，一些学者开始沿着经验主义的路径研究合法性理论，其中马克斯·韦伯的研究成果最具影响力。按照理性建构主义的研究路径，合法性理论实际上是在解决"什么样的统治应当被建立"这一"应然"问题，并且按照一定的价值原则评判现实中的政治统治是否具有合法性；而韦伯却坚持价值中立的研究立场，他认为，"对于统治者来说，这种说明其合法性理由的方式，不是一种理论或哲学推论的事情，而是对经验的统治结构极为现实的差异进行阐述，其原因就在于任何权力、甚至任何一般生存的机会都十分普遍地存在着进行自我辩护的需要"⑤。因此，政治统治合法与否并不在于其是否符合某种超验的价值或原则，而是在于其是否得到了人们的"服从"。

韦伯认为，人们可能基于"传统""情绪的（尤其是感情的）信仰""价值合乎理性的信仰"或者对现行法律的"合法性的信仰"而服从某一政治统治。⑥ 相应的，这种服从可以通过"纯粹内在的"方式（如"纯粹情绪的""价值合乎理性的"以及"宗教的"方式）和

---

① ［美］约翰·罗尔斯：《正义论》，何怀宏、何包钢、廖申白译，中国社会科学出版社1988年版，第9页。
② ［美］约翰·罗尔斯：《正义论》，何怀宏、何包钢、廖申白译，中国社会科学出版社1988年版，第292页。
③ ［美］约翰·罗尔斯：《正义论》，何怀宏、何包钢、廖申白译，中国社会科学出版社1988年版，第1页。
④ 郝宇青：《论合法性理论之流变》，载《华东师范大学学报（哲学社会科学版）》2007年第5期。
⑤ ［德］马克斯·韦伯：《经济与社会》（下卷），林荣远译，商务印书馆1997年版，第276~268页。
⑥ ［德］马克斯·韦伯：《经济与社会》（上卷），林荣远译，商务印书馆1997年版，第66页。

"外在的结果"（即"利害关系"）得到保证。① 在此基础上，韦伯进一步提出了合法统治的三种纯粹类型，即合法型统治、传统型统治以及魅力型统治。其中合法型统治是现代社会最为常见的一种合法统治类型。

同时，韦伯又指出，"一切经验表明，没有任何一种统治自愿地满足于仅仅以物质的动机，或者仅仅以情绪的动机，或者仅仅以价值合乎理性的动机，作为其继续存在的机会。毋宁说，任何统治都企图唤起并维持对它的'合法性'的信仰"②。也就是说，虽然人们基于物质、传统、情绪以及理性等原因而产生的服从也能够使得政治统治具有合法性，但是政治统治最为重要的合法性来源是人们对其合法性的信仰，是人们对政治统治发自内心的服从。

"服从"一词在韦伯的合法性理论中占据着核心位置。在韦伯看来，判断政治统治是否合法的关键是其能否获得人们的服从，而在最为理想的状态下，这种服从应当是发自内心的。从另外一个角度来看，韦伯意义上的政治统治的合法性实际上就是政治统治的有效性，即能够稳定、有效存续的政治统治便是合法的，而无法稳定、有效存续的政治统治则是不合法的。在韦伯的合法性理论中，完全看不到价值标准的踪迹，而合法性问题的核心也由对政治统治的评价转换成了对政治统治的描述。

3."重建性的"路径

在讨论了理性建构主义和经验主义两种合法性理论之后，哈贝马斯提出了"重建性的"合法性理论。哈贝马斯认为，"合法性意味着某种政治秩序被认可的价值"。"一个合法的秩序应该得到承认"，"被承认"是合法与否的重要判断标准。③ 同时，他又指出在一个合法的政治秩序中，"对于该社会的同一性具有构成意义的各种价值将能够实现"④。价值因素也是合法性的一个重要方面。正如哈贝马斯所言，"如果合法性信念被视为一种同真理没有内在联系的经验现象，那么，它的外在基础也就只有心理学意义……如果每一种有效的合法性信念都被视为同真理有一种内在联系，那么，它的外在基础就包含着一种合理的有效性要求"⑤。哈贝马斯的合法性理论"既具有经验性，也具有规范性"，是一种"符合价值规范基础上的支持和忠诚"。⑥

哈贝马斯的"重建性的"合法性理论是建立在其对晚期资本主义社会危机的分析的基础之上的。哈贝马斯认为，晚期资本主义社会在"经济系统""行政系统"以及"社会文

---

① ［德］马克斯·韦伯：《经济与社会》（上卷），林荣远译，商务印书馆1997年版，第64页。
② ［德］马克斯·韦伯：《经济与社会》（上卷），林荣远译，商务印书馆1997年版，第239页。
③ ［德］哈贝马斯：《合法化危机》，刘北成、曹卫东译，上海人民出版社2009年版，第184页。
④ ［德］哈贝马斯：《合法化危机》，刘北成、曹卫东译，上海人民出版社2009年版，第188～189页。
⑤ ［德］哈贝马斯：《合法化危机》，刘北成、曹卫东译，上海人民出版社2009年版，第106页。
⑥ 陈炳辉：《试析哈贝马斯的重建性的合法性理论》，载《政治学研究》1998年第2期。

化系统"面临着四大危机，即"经济危机""合理性危机""合法性危机"以及"动机危机"。① 其中合法性危机的产生与其他三种危机具有十分密切的关系。在自由资本主义阶段，国家权力被限定在政治领域，经济领域接受价值规律的调节，社会文化领域维持着一个独立自主的市民社会。然而，由于市场在调节经济的过程中暴露出许多弊端，经济危机时有发生。为了克服市场的弊端，国家开始"积极地介入到再生产过程当中"，而不再仅仅作为"一般的生产保障条件"而存在。② 进而，作为国家权力合法性基础的"确保等价交换和公平交换关系"的"市场制度"遭到破坏，③ "合法性系统无法在贯彻来自经济系统的控制命令时把大众的忠诚维持在必要的水平上"，合法性危机萌芽。④

为了避免或者挽救晚期资本主义社会的合法性危机，国家需要为其干预行为提供新的合法性支持，也就是提供一种与国家干预行为相容的价值规范体系。在自由资本主义阶段，相对独立的市民社会高度繁荣，其主动为自由资本主义国家的行为提供了合法性论证。而在晚期资本主义阶段，国家的干预行为渗透到了社会文化领域，导致社会文化领域的僵化，其无法提供一套支持国家干预行为的价值规范，未能为晚期资本主义国家提供合法性论证。旧有的资本主义传统遭到破坏，而新的价值规范又未能建立，这样就导致了晚期资本主义国家的合法性危机。

哈贝马斯的合法性理论强调合法性的价值规范基础，其认为在不同的历史条件下被认可的价值规范也不尽相同，而不同历史阶段的合法性应当建立在该历史阶段条件下被认可的价值规范之上。合法性不仅需要被认可，也离不开特定历史阶段的价值规范基础。哈贝马斯的"重建性的"合法性理论综合了理性建构主义和经验主义两种研究路径，体现了西方哲学中人文主义和科学主义两大思潮的融合。⑤

（二）司法合法性的二元困境

从合法性理论来看，司法合法性的来源应当包括两个层面：一是价值层面，即司法裁判符合现代社会的主流价值观，这一点集中体现为现代司法理念；二是事实层面，即司法裁判获得社会公众的普遍认同。然而，在热点案件的裁判过程中，现代司法理念所追求的形式正义与一般社会公众所追求的实质正义之间常常发生冲突，使得司法合法性的两个来源之间相互矛盾。具体而言，在热点案件中所形成的民意审判与现代司法理念

① ［德］哈贝马斯：《合法化危机》，刘北成、曹卫东译，上海人民出版社 2009 年版，第 52 页。
② ［德］哈贝马斯：《合法化危机》，刘北成、曹卫东译，上海人民出版社 2009 年版，第 40 页。
③ 傅永军：《哈贝马斯"合法性危机论"评析》，载《马克思主义研究》1999 年第 4 期。
④ ［德］哈贝马斯：《合法化危机》，刘北成、曹卫东译，上海人民出版社 2009 年版，第 53 页。
⑤ 陈炳辉：《试析哈贝马斯的重建性的合法性理论》，载《政治学研究》1998 年第 2 期。

的冲突体现在如下几个方面。

首先，民意审判违背了审判独立原则。审判独立是现代司法的一个重要标志，其要求法官独立自主地审判案件，不受其他任何组织或个人的干涉。在民意审判中，法官往往无法独立自主地作出判决，或者其独立自主作出的判决往往在强大的民意压力下被迫改判。实际上在民意审判的背后，"政治"发挥了十分重要的作用。"通常来讲，民众不会直接影响司法，而是民意影响着政治，政治再影响了司法，司法从来都是政治的一部分。"①民众、媒体、为政者和司法官四方之间形成一种政治意义上的角力关系，"可以说这是一个'政治力学'问题"②。可见在民意审判的情形下，审判独立原则遭到了严重的破坏。

其次，民意审判不符合程序正义的要求。容易引发民意审判的热点案件往往反映了社会的主要矛盾，并且这种矛盾在现实生活中表现得十分普遍和尖锐。作为处于草根阶层的普通大众，特别是那些处于弱势地位、和当事人有着相似生活处境的民众往往会产生一种惺惺相惜、感同身受的心理。在这种情况下，与其说人们是在关注案件本身或者涉案当事人，还不如说他们是在关注自己。因此，涉案民意往往以公意之名夹带私货，更多地表现为一种主观偏见。涉案民意的这种特征实质上违背了"任何人不能做自己案件的法官"以及司法中立等程序正义原则的基本要求。

再次，民意审判不符合法律论证的逻辑前提。现代司法要求判决"有理有据"，而不能简单地给出判决结果，这是司法公开（判决理由公开）的重要内容。因此，司法判决应当遵循一定的论证逻辑（在我国表现为三段论），娓娓道来。然而，民意审判却不符合司法三段论所要求的"法律命题的公理化""法律语言的精确性"以及"案件事实的客观性"③等逻辑前提。一则涉案民意不具有公理性。涉案民意是一种动态民意，其并不具有稳定性。受到个人的反思、信息的披露、专家的解读、当事人的言行等因素的影响，涉案民意在不同的阶段表现出不同的含义。④二则涉案民意不具有精确性。涉案民意往往表现为"构成犯罪"或"不构成犯罪"，"对"或"错"，"重判"或"轻判"，"该杀"或"不该杀"等简单的语句。⑤简洁的民意表面上清晰明确，让人一目了然，但是其只给出了结论，却没有说明该结论适用的条件，实质上却让人无所适从。三则涉案民意是基于片面事实而形成的。一般而言，在案件判决之前，法院是不会发布案件的相关信息

---

① 王启梁：《法律世界观紊乱时代的司法、民意和政治——以李昌奎案为中心》，载《法学家》2012 年第 3 期。
② 孙笑侠：《司法的政治力学——民众、媒体、为政者、当事人与司法官的关系分析》，载《中国法学》2011 年第 2 期。
③ 王彬：《论司法三段论的结构形式与逻辑前提》，载《山东警察学院学报》2009 年第 1 期。
④ 顾培东：《公众判意的法理解析——对许霆案的延伸思考》，载《中国法学》2008 年第 4 期。
⑤ 顾培东：《公众判意的法理解析——对许霆案的延伸思考》，载《中国法学》2008 年第 4 期。

的。此时，公众对案件的了解主要来自媒体的报道。而新闻媒体自身并不一定能够全面、真实地掌握案件信息。即使新闻媒体通过特殊的渠道获取了案件的信息，其报道也不一定能保证客观中立，这一点在"药家鑫案"中已经得到了印证。[①]

总的来说，一方面，民意是司法合法性的最终来源，司法判决需要获得民众的支持；另一方面，民意审判却违背了现代司法理念的基本要求，是一种落后的审判方式。民意处于司法合法性与现代司法理念所共同营造的二元困境之中。如何破解这一困境，既吸收民意对司法合法性的支持，又坚守现代司法理念，是一个亟待解决的问题。

二、司法程序中的民意

（一）制度化民意与非制度化民意

一般而言，在政治实践中出现频率较高的民意表现形式有如下几种：其一，民意代表。在现代西方民主国家，民意代表主要是指议员。议员由特定选区的选民选举产生，代表该选区的选民在议会中表达自己的意见。议员在议会中所表达的意见被认为是其所在选区的选民的整体意见。其二，民意机关。议会是最为常见的民意机关。议会由议员组成，享有制定法律、征税、任免政府高级官员等权力。议会所做出的决定被认为是一个国家或地区全体民众的意见的集中体现。其三，舆论。对于热点话题，民众通过报纸、电视等传统媒体或者微博、网络论坛等自媒体发表意见、参与讨论，并逐步形成一种或几种主流观点，这些主流观点各自代表了部分民众的意见。其四，民意测验。民意测验是指就某一特定问题，采取抽样调查的方法，了解民众的意见、看法的一种社会调查手段。民意测验，特别是一些著名的民意测验，如美国盖洛普民意测验，由于其抽样范围广、调查方法先进，往往能够比较准确地反映民众的真实意愿。在实践中，上述四种民意并非完全独立，而是常常相互影响的。

从民意的产生是否基于法定的程序或制度的角度而言，可以将上述四种形式的民意划分为两类：一是制度化的民意，即通过民意代表和民意机关所表达的民意。该类民意是以国家宪政制度，特别是选举制度为基础，通过法定的程序而产生的。例如，民意代表是依据代表选举法而选举产生，法律拟制民意代表的意见即为其所代表的民众的意见。二是非制度化的民意，即通过舆论与民意测验所表达的民意。该类民意并没有法律上的依据，其仅仅是根据新闻媒体或者民意测验机构等非官方组织自身所制定的规则而产生的。例如，民意测验所代表的民意仅仅是依据特定民意测验机构所制定的民意测验

---

① 陈柏峰：《法治热点案件讨论中的传媒角色——以"药家鑫案"为例》，载《法商研究》2011 年第 4 期。

规则，通过抽样等方法产生的。

（二）民意抑或舆论

通常人们所说的司法程序中的民意往往是指"舆论"这种非制度化的民意，对于"民意审判"的批判实际上是对"舆论影响司法"这种现象的批判。而制度化的民意则可以克服"舆论"的种种缺陷。首先，制度化的民意不会影响法官的独立审判。制度化民意的地位是法律赋予的，法官是应当依照、参照抑或参考皆由法律规定，这实际上是一国裁判规制的重要组成部分，只要该国的司法制度是基于现代司法理念而设计的，那么制度化的民意便不会对法官的独立地位产生影响。其次，制度化民意的产生必须依据特定的法律程序，而通过特定的程序设计（如时间长度、表达渠道等）则可以很好地冷却狂热的民意，使最终表达出来的民意更加客观中立。最后，由于制度化的民意最终需要通过民意代表等少数人来表达，其避免了"易变""冲动""急躁""缺乏理性""没有判断力""夸大感情"等群体的心理弱点，使得民意可以以稳定、准确、全面的方式得到表达。[①]

司法合法性的最终基础是制度化的民意，而不是非制度化的民意。制度化民意与非制度化民意的一个重要区别在于其产生基础或者说代表性的不同。非制度化的民意一般借助报纸、电视以及网络等媒体呈现在公众面前，其通常只是少部分民众的意愿，而并非全体民众或大部分民众的意愿。一方面，媒介所能承载的民意是有限的，其在特定的时间段内只能使部分民众的意见得到表达。虽然微博、微信等自媒体在理论上能够使全体民众同时发表意见，但是受到硬件设备等条件的限制，并非人人都能够便利地使用网络。另一方面，根据"沉默的螺旋"理论，如果自己的观点处于多数、受到欢迎，那么人们就会越发大胆地发表自己的观点；而如果自己的观点处于少数、不被欢迎，那么人们便会逐渐保持沉默。这样，部分观点便会取得优势地位，逐渐占据各种媒介，其他的观点则被完全淹没。因此，透过新闻媒介表达的民意仅仅是部分民意，这部分民意并不具有代表全体民意的合法性。而制度化民意则具有广泛的代表性，其产生的基础是全体公民，而非部分公民。制度化民意是通过民意代表来表达的，因而其广泛代表性体现为民意代表的广泛代表性。法律通过平等地赋予公民选举权，使得每一个公民都有权利平等地参与到民意代表的产生过程之中。同时，通过广泛的设置投票点、匿名填写选票等具体制度的设计使得每一个公民都参与到民意代表的选举之中成为可能。所以说，民意代表的产生是具有广泛代表性的，而相应的，通过民意代表所表达的民意也具有广泛的代表性。因此，司法与非制度化民意的背离并不会影响其合法性基础，而能够影响司法

---

① ［法］古斯塔夫·勒庞：《乌合之众：大众心理研究》，冯克利译，中央编译出版社 2004 年版，第 21 页。

合法性基础的只可能是制度化的民意。

当然，正是由于制度化民意的产生需要经过一系列特定的程序，这就导致其产生往往需要比较长的时间。同时，由于制度化民意是通过民意代表表达的，而民意代表一般具有一定的任期，在任期内民意代表并不能随意更换，这就使得民意代表有可能脱离群众，而民意代表所表达的民意也就有可能偏离真正的民意。总的来说，一方面需要明确的是司法合法性的基础是制度化民意而不是舆论等非制度化民意，同时制度化民意参与到司法程序之中并不会违背现代司法理念；另一方面也需要克服制度化民意的滞后性与背离真正民意的可能性等方面的缺陷。

三、我国司法程序中的制度化民意

人民性是我国司法活动的本质属性，通过多种形式保障人民群众参与司法是我国司法改革的一项重要内容。在此背景下，制度化与非制度化的民意都试图参与到司法活动之中，对司法活动产生一定影响。就制度化民意而言，在我国司法活动中主要有如下几种表现形式。

（一）人大个案监督

20世纪80年代末，我国逐渐形成了人民代表大会对司法机关的具体案件进行监督的制度，即个案监督。个案监督的主体是各级人民代表大会，在实践中主要是通过各级人大常委会、内务司法委员会、法制工作委员会以及办公、信访等机构具体行使监督权。人民代表大会是我国的民意机关，人民代表大会的个案监督实际上是制度化民意参与司法活动的一种表现形式。

在实践中，人大个案监督的范围非常广泛，包括事实认定或者法律适用错误、程序违法、司法人员贪赃枉法、生效判决得不到执行、群众告状无门以及有重大社会影响等情形的案件，涵盖了民事、刑事以及行政等类型。这些类型的案件一般通过当事人上访、人大代表提出、人大常委会执法检查与评议法院工作、媒体的报道以及上级常委会或领导交办等形式被提起，人大常委会或其内设机构受理后通过转办、督办、查办、审办等方式进行处理。[①]

然而人大个案监督却并非一个合适的制度化民意表达形式。一方面，人大个案监督的法律依据不足。虽然我国《宪法》《全国人民代表大会和地方各级人民代表大会代表

---

① 蔡定剑：《人大个案监督的基本情况》，载《人大研究》2004年第3期。

法》《地方各级人民代表大会和地方各级人民政府组织法》，以及《人民法院组织法》和《人民检察院组织法》都赋予了各级人大及其常委会监督本级人民法院、人民检察院的工作的权力，但是人大的监督权应当主要通过听取和审议工作报告、人事任免、质询、监督宪法和法律的实施等方式进行，一般不涉及具体的案件。同时，法律对人大监督权的行使有着严格的程序要求。例如，就全国人民代表大会而言，必须有一个代表团或者30名以上的代表联名，才能够对最高人民法院或者最高人民检察院提出书面质询案。而实践中的人大个案监督则并没有如此严格的程序规范，实际上是一种超出法律规定的新的监督形式。

另一方面，人大的个案监督虽然在防止冤假错案、遏制司法腐败、促进司法公正等方面发挥了一定的积极作用，但同时也带来了很多消极影响。首先，由于人民代表大会及其常务委员会采取会议制的工作形式，受到会期的影响，人大个案监督在实践中表现为人大相关工作机构或人员的监督，这样就违背了制度化民意参与司法的初衷。其次，受案范围和受案标准比较随意，是否启动人大个案监督程序在很大程度上取决于相关负责人的态度，这也就导致人大个案监督无法成为制度化民意参与司法的普遍形式。再次，人大个案监督的效果有限，特别是采取交办、督办等形式处理的案件，往往无法实现真正的监督。最后，作为一种司法程序之外的监督形式，人大个案监督容易打乱正常的司法活动，冲击人民法院的独立审判权。

正是由于在合法律性与实际效果两方面都无法令人满意，人大个案监督一经产生便充满争议。而随着《关于对审判、检察机关重大违法案件实施监督的决定（草案）》的中止审议，人大个案监督也逐渐淡出了人们的视野。

（二）涉诉信访

2004年4月，最高人民法院在长沙召开的全国法院信访工作会议上首次提出了涉诉信访的概念，对涉诉信访与其他类型的信访进行了区分。一般认为，涉诉信访是指公民、法人或者其他组织以信访形式，对人民法院正在办理或者已经办结的案件提出诉求的活动。涉诉信访是我国信访制度的重要组成部分，是公民行使宪法赋予的批评、建议、申诉、控告以及检举等权利的重要途径，也是人民群众参与司法的重要形式。经过多年发展，人民法院办理涉诉信访案件已经形成了一套相对具体的制度，例如2014年4月广东省高级人民法院颁布的《广东法院涉诉信访工作规程（试行）》对涉诉信访的登记、受理、接访、复查、答复、评查、救助、终结等程序都做了详细的规定。因此，涉诉信访实际上也是司法活动中存在的一种制度化的民意表达方式。

涉诉信访作为一种制度化的民意表达方式，其具有如下几个特点：其一，信访人主要是案件当事人或利益相关人，因此从程序正当的角度可以推定涉诉信访所表达的民意并非客观中立的民意，而是带有主观偏见的民意；其二，涉诉信访程序与司法程序相互影响。一方面，对于正在进行的诉讼活动来说，由于涉诉信访可能推翻即将作出的判决，这就迫使法官在裁判时不得不考虑信访人的诉求，审判独立原则受到了挑战；另一方面，对于已经作出的判决来说，涉诉信访可能启动再审程序，从而破坏司法的终局性，消解司法权威。

由于涉诉信访对正常司法活动造成了很大的冲击，《中共中央关于全面推进依法治国若干重大问题的决定》提出了"诉访分离"的改革模式，试图在区分"诉"与"访"的基础上，将涉诉信访事项导入诉讼程序，依法按照诉讼程序处理，并依据诉讼程序终结。"诉访分离"实际上致力于建立一种以诉讼程序为中心的涉诉信访处理模式，涉诉信访仅仅作为诉讼程序中提起诉讼、申请再审等诉讼活动的一种特殊表达形式而存在，其不再具有独立的价值。相应的，作为当事人或者利益相关人的一种诉讼活动，涉诉信访也就失去了表达民意的特殊功能。

（三）品格证据

品格证据是英美法系中的一项特殊的证据制度，其意指能够证明当事人的声誉、行为倾向或者以前发生的特定事件的证据。我国法律虽然没有对品格证据做出直接规定，但是在司法实践中特别是未成年人刑事案件中，存在着使用品格证据的情形。例如，《最高人民法院关于审理未成年人刑事案件的若干规定》第21条规定，开庭审理前，控辩双方可以分别就未成年被告人性格特点、家庭情况、社会交往、成长经历以及实施被指控的犯罪前后的表现等情况进行调查，并制作书面材料提交合议庭。在我国的司法实践中，品格证据除了表现为人口信息资料、犯罪记录证明等客观证据之外，还存在着关于当事人在学校或社区的表现情况、与同学或邻里的关系等主观内容的社会调查报告。[①] 而这种社会调查报告一般是通过走访、询问相关人员的方法得出调查结论的，虽然其仅仅是作为证据出现在诉讼程序之中，但是社会调查报告的结论对于定罪与量刑都有重要的影响。因此，社会调查报告可以视为诉讼程序中民意的一种制度化的表达形式。

不过，虽然品格证据的引进对于我国诉讼制度的完善具有重要意义，但是从民意表达的角度来说，品格证据有其无法克服的局限性。首先，品格证据一般只适用于未成年

[①] 彭志刚、邢晓玲：《论品格证据在检察机关办理未成年人刑事案件中的运用》，载《湖南科技大学学报（社会科学版）》2013年第4期。

人刑事案件、与妇女相关的犯罪案件等少数案件类型，其无法承担普遍表达民意的功能。其次，品格证据只能证明当事人的声誉、行为倾向、以前发生的特定事件等少数几个方面，而无法体现民意对整个案件的看法，也无法直接对裁判结果发表意见；再次，品格证据只是反映了同学、同事、邻里等特定人员对当事人的评价，不具有普遍代表性。因此，品格证据作为特定案件中特定范围内的民意表达形式是可行的，但是其在适用范围、表达能力等方面是有局限性的。

（四）人民陪审员

人民陪审员是指从普通人民群众中产生的、直接参与法院审判活动的合议庭组成人员。人民陪审员来自人民群众，并且一般是非法律专业人士，因此其在一定程度上能够反映普通群众的意见。同时，人民陪审员参与法院的审判活动必须严格依照法定的诉讼程序进行，其作为诉讼程序的一部分而存在，并非诉讼程序之外的"干扰因素"，因而不存在与司法制度发生冲突的情形。可以说，人民陪审员制度是一项既能够为司法提供合法性支撑，又能够满足现代司法理念要求的制度，其应当成为司法程序中民意制度化表达的理想渠道。

总的来说，司法合法性来源于现代司法理念和社会公众的认可。其中，社会公众的认可能够划分为制度化民意和非制度化民意两种类型。在现代民主社会，制度化民意才是社会公众表达认可的正当方式，而非制度化民意则不具有准确、全面表达社会公众意见的功能。值得注意的是，在自媒体平台上，虽然舆论常常以民意自居，但其本质上只是一种非制度化民意。只有制度化民意才是司法合法性的真正来源，而非制度化民意则只能是一种参考依据。

第四章　民意的识别：法意与民意互动的技术性前提

一、网络表达的特殊性——以"点赞"为例

现实中的司法和网络上的民意是两个差异巨大的表达空间。在司法活动中，法官必须遵循"以事实为根据，以法律为准绳"的表达规则。就事实认定而言，法官秉持程序正义价值，其所追求的是法律事实而非客观事实。也就是说，只有按照证据规则被证明的事实才可以作为司法裁判的依据。就法律适用而言，法官通过运用文义解释、体系解释、历史解释、目的解释等解释方法，明确法律规则的含义，并通过演绎推理、归纳推理、类比推理等推理手段，将法律规则适用于具体的案件。可以说，司法中的事实认定和法律适用都必须遵守特定的技术规则。而在网络环境中，民意却以十分多元、随意、复杂的方式呈现。首先，网络民意表达的平台以自媒体为主。自媒体是一种个性化的表达平台。在自媒体平台上，每一位网络用户都可以自由、便捷地表达自己的观点。也就是说，网络表达的主体是多元的。其次，网络民意表达的方式比较多样。除了文字之外，网络表达还常常采取音频、视频、图片、表情包以及点赞按钮等方式。面对这些特殊的表达"符码"，需要通过"解码"才能准确地获知表达者的真实意思。最后，网络民意表达的效果比较复杂。正是由于表达主体的多元和表达方式的多样，因而呈现出的表达结果也比较复杂。不仅多种观点同时出现，而且往往比较偏激。同时，网络民意也是公共舆论的一种特殊形态，不可避免地会出现"沉默的螺旋"现象。总的来说，网络表达与司法表达之间存在一条巨大的鸿沟。

正是由于网络表达的特殊性，因而在法意与民意的互动中就必须先识别出网络民意的真实含义。在网络表达中，"点赞"是一种具有代表性的表达方式。通过对"点赞"的分析，可以更加直观地理解民意识别的复杂性。

二、网络空间中的"点赞"

通常来说,任何行为都包含主观与客观两个方面,"点赞"也不例外。因此,可以从主观意图和客观效果两个层面分析网络生活中"点赞"的含义。

(一)"点赞"的主观意图

1. 开发者眼中的"点赞"

"赞"按钮是国内外主流网络社交平台上十分常见的一款组件,而"点赞"是指网络社交平台的用户点击"赞"按钮的行为。一般而言,网络社交平台的开发者在设置"赞"按钮时便会赋予"点赞"特定的含义。而这些由开发者赋予的含义则构成了"点赞"的原初意涵。通过对微博、微信朋友圈、QQ空间、知乎、Facebook、Twitter等六种国内外主流网络社交平台的官方使用规则进行分析,可以归纳出开发者对"点赞"的理解(见表4-1)。

表4-1 开发者眼中的"点赞"

网络社交平台	开发者的陈述	"赞"按钮图形	关键词
微博	用户浏览网页,发现喜欢的内容,通过"赞"按钮只需轻松点击一下,即可表达心情,方便快捷。		喜欢
微信朋友圈	微信朋友圈中的心形图标是好友们对照片的评价,如果觉得照片好看,可点击心形图标表示赞美。		赞美
QQ空间	QQ空间"赞"的意思是您对某信息动态作出肯定的一种表达。		肯定

续表

网络社交平台	开发者的陈述	"赞"按钮图形	关键词
知乎	赞同和反对，是对你阅读到的答案进行投票。每个人的回答的左侧都两个蓝色上下箭头，"向上箭头"表示赞同该答案，"向下箭头"表示反对该答案。	▲	赞同
Facebook	Clicking Like below a post on Facebook is an easy way to let people know that you enjoy it without leaving a comment. If you want to show support for a Page and be able to see updates from it in News Feed, you should like it.	👍	enjoy 喜欢/support 支持
Twitter	Likes are represented by a small heart and are used to show appreciation for a Tweet or a Moment.	♥	appreciation 欣赏

从表4-1可以看出，开发者设置"赞"按钮的意图在于为用户提供一种比"评论"更加简便的意见表达渠道。而对"点赞"的理解，上述六种网络社交平台的开发者有着几乎一致的看法。一方面，开发者使用了"喜欢""赞美""肯定""赞同""支持"以及"欣赏"等带有强烈褒义情感的词汇描述"点赞"的含义；另一方面，开发者还使用了"大拇指""爱心"以及"向上箭头"等具有极强积极心理暗示功能的图形来充当"赞"按钮。可以说，在开发者眼中，"点赞"意味着用户对被点赞的内容持积极的态度，或者说用户认同被点赞的内容。

2. 用户眼中的"点赞"

在日常生活中，"赞"通常表达称美、喜欢之意。① 这一层含义构成了用户眼中"点赞"的底色。不过，"任何单一词汇的含义在很大程度上都取决于其所处的语境（the

---

① 在汉语中，"赞"有引见、司仪、佐助、告知、称美等意涵，其中，"称美"是现代日常生活中最常见的一种用法。而在英语中，"like"有类似、比如、愿意、喜欢等意涵，其中，"喜欢"之意契合网络社交平台上"like"的用法。见夏征农、陈至立主编：《辞海》（第六版缩印本），上海辞书出版社2010年版，2370页；霍恩比：《牛津高阶英汉双解词典》（第七版缩印本），王玉章等译，商务印书馆2009年版，第1171~1172页。

meaning of any single word is to a high degree dependent on its context)"①。同样的，网络用户对"点赞"的理解也离不开具体的网络生活语境。实际上，传播学早已对"点赞"进行了大量的实证研究。② 归纳起来，可以从如下两个方面理解网络用户眼中的"点赞"。

其一，点"赞"。在这种情况下，用户为了对被"点赞"的内容表达某种态度从而进行了"点赞"操作。至于用户所表达的态度则有如下几种可能：一是对被"点赞"内容的认同。当用户认为被"点赞"的内容与自己的观点不谋而合时，其可以通过"点赞"表达认可。此时，被"点赞"的内容往往是评论性文字。二是对被"点赞"内容的欣赏。当用户从审美的角度欣赏被"点赞"的内容时，其可以通过"点赞"予以表达。此时，被"点赞"的内容往往以"岁月静好"类图片或"心灵鸡汤"类文字为主。三是恶搞。部分用户会基于挖苦或调侃的目的，对其他用户的悲惨遭遇"点赞"。这是一种流行于青年网络用户群体中的恶搞文化，其实并无恶意。

其二，"点"赞。在有些情况下，用户"点赞"的动机与被"点赞"的内容之间并无多大关系，其仅仅是看中了"点"的效果。这种效果包括如下几种可能：一是社交。有些用户希望通过"点赞"来表达自己对其他用户的关注。此时，用户往往是基于一定的社交压力，为了维持与其他用户之间的必要联系而点赞。二是标识。有些用户"点赞"完全是为了表明"已阅"。或是提醒自己，或是提醒他人。三是习惯。有些用户会对其浏览到的大部分甚至全部内容习惯性"点赞"，这类用户被称为"点赞党"。四是营销。在网络营销中，有些商家会开展"集赞送礼"活动。此时，用户的"点赞"行为只是参与这种营销活动的一种方式。

从上述分析可知，网络用户眼中的"点赞"具有多种意涵。从语用学的角度来说，"点赞"的意涵并非开发者所赋予的，而是在网络话语实践过程中由众多用户共同参与而达成的动态共识。而由于网络话语体系正处在一个逐步形成且快速流变的阶段，网络话语的内涵是极不稳定的。在上述众多情形中，仅仅在"表达对被'点赞'内容的认可"这一种情形下，用户的"点赞"行为可以将他人的观点转化为自己的观点，并产生了类

---

① Bronislaw Malinowski, The Problem of Meaning in Primitive Languages. In C. K. Ogden and I. A. Richards, The Meaning of Meaning. New York: Harcourt, Brace & World, Inc. 1923: 306.

② 比如，国外有学者从行为动机的角度将"点赞"划分为六种类型：社会责任型点赞（socially responsible liking）、情绪型点赞（emotional liking）、信息型点赞（informational liking）、社交型点赞（social performative liking）、低成本型点赞（low-cost liking）、习惯型点赞（routing liking）。See P. B. Brandzaeg and I. M. Haugstveit, Facebook Likes: A Study of Liking Practices for Humanitarian Causes. International Journal of Web Based Communities, 2014 Vol. 10, No. 3, pp. 258~279. 国内有学者认为，"点赞"具有"表意性""参与性"以及"情感性"等功能。见王斌：《"点赞"：青年网络互动新方式的社会学解读》，载《中国青年研究》2014 年第 7 期。还有学者认为，"点赞"暗含了"提高社会资本的隐性期待"。见周懿瑾、魏佳纯：《"点赞"还是"评论"？社交媒体使用行为对个人社会资本的影响》，载《新闻大学》2016 年第 1 期。

似于原创的效果。而在其他情形下，均无法基于"点赞"行为确定被"点赞"内容与用户观点之间的一致性。

（二）"点赞"的客观效果

作为一款社交工具，微博等网络平台上所搭载的几乎每一项功能都是围绕"社交"设计的。"点赞"亦是如此。基于此，"点赞"并非用户的一种私密活动，而是会在一定范围内公开传播。同时，为了追求点击率或者流量，平台的管理者也乐见"点赞"的广泛传播。从传播效果而言，"点赞"行为的传播同时意味着被"点赞"内容的传播。但是，不同的人获知"点赞"行为的情况是不一样的。

其一，就内容发布者而言，其将在第一时间获知"点赞"。当行为人"点赞"之后，网络社交平台将会向内容发布者同步发送提示信息。微博、微信朋友圈、QQ 空间、知乎、Facebook 以及 Twitter 等平台均有这种设计。

其二，就亲密用户而言，其不仅可以直接进入"点赞"行为人的主页获知行为人的所有"点赞"行为，而且还有很大的概率在浏览新信息的过程中得知"点赞"行为。在微信朋友圈中，当用户与"点赞"行为人、内容发布者之间均有好友关系时，其在浏览到被"点赞"内容时将获知行为人的"点赞"行为；在 QQ 空间中，内容发布者的所有好友在浏览被"点赞"内容时都将能够获知行为人的"点赞"行为；在知乎和 Facebook 中，被关注人所"点赞"的内容将构成用户浏览的主要内容；在微博和 Twitter 中，"点赞"行为将有可能被推送给"点赞"行为人的好友。

其三，就其他用户而言，其也有可能获知"点赞"行为。当被"点赞"内容获得的点赞、转发或评论量达到热门级别，或者平台基于推广的考量主动推送时，其他用户也将获知被"点赞"的内容。不过，此时除了 QQ 空间、知乎、Facebook 之外，其他平台并不会显示"点赞"行为人的信息。

其四，就社会大众而言，只有当被"点赞"内容已经在网络社交平台上产生极大的影响力时，该内容才会以社会热点事件的形式被其他媒体广泛报道，进而为社会大众所知悉。此时，"点赞"行为将仅仅具有数字意义，而不再具有身份意义。

综上所述，"点赞"确实会产生一定的社会效果。"点赞"虽然不是直接"转发"，但也会产生传播效应。这种传播效应依附于"点赞"行为人的社交圈，并有可能突破"点赞"行为人的社交圈。同时，随着与"点赞"行为人社交关系亲密程度的减弱，"点赞"的传播效应呈现递减的趋势（见图 4-1）。总之，"点赞"所产生的社会效果已经跨越了私人领域，并进入公共领域的范畴。

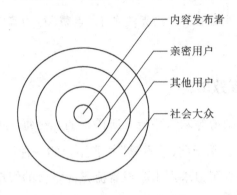

内容发布者

亲密用户

其他用户

社会大众

图 4-1 "点赞"的传播效应（由内而外呈递减趋势）

三、域外司法实践中的"点赞"——以布兰德诉罗伯茨案（Bland v. Roberts）为例①

（一）案情回顾

布兰德（Bland）、卡特（Carter）等6名原告是美国弗吉尼亚州汉普顿警长办公室（the Hampton Sheriff's Office）的雇员。在2009年11月举行的汉普顿警长竞选活动中，原告布兰德等人分别通过不同的形式表达了其对被告罗伯茨（Roberts）的竞选对手亚当斯（Adams）的支持。其中，原告卡特给亚当斯的竞选页面（Jim Adams's Campaign Facebook Page）点了赞。在被告罗伯茨赢得竞选之后，其分别以削减文职雇员、工作表现不佳以及影响办公室的和谐和效率等理由解聘了包括该案6名原告在内的12名雇员。布兰德等6人认为罗伯茨的解聘行为侵犯了美国宪法第一修正案所赋予的言论自由和结社自由权利（First Amendment rights to freedom of speech and freedom of association），遂向弗吉尼亚东区联邦地区法院纽波特纽斯法庭（United States District Court for the Eastern District of Virginia, Newport News Division）（以下简称"地区法院"）提起诉讼。后该案被上诉至美国联邦第四巡回上诉法院（United States Court of Appeals for the Fourth Circuit）（以下简称"上诉法院"），并被部分改判。其中，在审理原告卡特的诉讼请求时，法院就"点赞"行为是否构成美国宪法第一修正案所保护的言论自由展开了讨论，这也是美国法院第一次阐释其对"点赞"行为的司法意见。

① Bland v. Roberts, 857 F. Supp. 2d 599, 2012 U. S. Dist. LEXIS 57530（E. D. Va., 2012）; Bland v. Roberts, 2013 U. S. App. LEXIS 19268（4th Cir. Va., Sept. 18, 2013）.

（二）地区法院："点赞"并非"言论"①

一审中，地区法院指出"言论"的真实存在是讨论言论自由原则的基本前提，而"点赞"并不足以构成美国宪法第一修正案所保护的"言论"。

首先，地区法院承认 Facebook 上的帖文可以获得宪法保护，但该帖文中必须存在"真实表达"。为了明确宪法保护的边界，地区法院对马丁利诉米利根案（Mattingly v. Milligan）②和格雷沙姆诉亚特兰大市案（Gresham v. City of Atlanta）③等相关判例进行了比较分析。在这些案例中，法院支持给予宪法保护的 Facebook 帖文具有两个共同的特征：一是明确，即以文字的形式呈现，一目了然；二是充分，即不论采取陈述句还是疑问句的形式，其所要表达的意涵都能够被读者充分感知。所以说，这些帖文构成了"真实表达"，进而可以被认定为美国宪法第一修正案所保护的"言论"。

其次，地区法院认为"点赞"并不能构成"真实表达"。该法院认为，仅仅是对 Facebook 页面上的一个按钮进行点击操作，其所要表达的意涵是不明确、不充分的，而法院也不宜在没有证据的前提下推测"点赞"的真实意涵。因此，地区法院认为"点赞"并非宪法第一修正案所保护的"言论"，并驳回了原告卡特的相关诉讼请求。

从地区法院的判决理由可以看出，其对"点赞"的理解是肤浅的。诚然，从行为表象来看，"点赞"仅仅是对 Facebook 页面上的一个按钮进行点击操作。但是，被点击的按钮并非一个毫无意义的组件，而是具有特定含义的"赞"按钮。地区法院不仅无视了开发者赋予"赞"按钮的原初意涵，而且全然未考虑"点赞"在网络社交中所形成的社会意涵。至于"点赞"可能带来的社会影响，地区法院则更是完全没有涉及。所以，地区法院仅依据行为表象就认定"点赞"并非"言论"，这显然是过于武断且不适当的。

（三）上诉法院："点赞"是一种表达支持的"言论"④

该案被上诉至美国联邦第四巡回上诉法院之后，上诉法院推翻了地区法院对"点赞"的认定，并详细阐释了自己的观点。在厘清 Facebook、Facebook 页面、动态消息以及"点赞"等基本概念之后，上诉法院从如下几个方面展开了分析。

1. 社会效果

针对卡特在亚当斯竞选页面上"点赞"的行为，上诉法院从技术角度列举了由此将

---

① Bland v. Roberts, 857 F. Supp. 2d 599, 2012 U. S. Dist. LEXIS 57530（E. D. Va., 2012）.

② Mattingly v. Milligan, 2011 U. S. Dist. LEXIS 126665（E. D. Ark. Nov. 1, 2011）.

③ Gresham v. City of Atlanta, 2011 U. S. Dist. LEXIS 116812（N. D. Ga. Aug. 29, 2011）.

④ Bland v. Roberts, 2013 U. S. App. LEXIS 19268（4th Cir. Va., Sept. 18, 2013）.

产生的效果：一是亚当斯竞选页面的名称和头像将会被添加至卡特的个人主页。这样，所有 Facebook 用户都可以在卡特的个人主页上浏览到亚当斯竞选页面的名称和头像，并通过该名称上所附带的链接进入亚当斯的竞选页面。二是"卡特点赞亚当斯竞选页面"的信息将会出现在卡特好友的 Facebook 动态消息之中。三是卡特的姓名和头像将会被添加至亚当斯竞选页面的"喜欢本页面的人"列表之中。从上诉法院的技术分析可以看出，"点赞"这一讯息将通过行为人的个人主页、行为人好友的动态信息以及被"点赞"的页面三个平台同步传播，使得浏览行为人个人主页的用户、行为人的好友以及浏览被"点赞"页面的用户都能够及时获知。也就是说，"点赞"将会产生"广泛传播"的社会效果。

2. 实质意涵

上诉法院认为，卡特"点赞"亚当斯竞选页面的行为至少体现了如下三个层次的意涵：首先，在最基本的字面含义上，"点赞"表明卡特"喜欢"亚当斯的竞选页面；其次，从政治选举的语境来看，"点赞"毫无疑问地表明卡特对候选人亚当斯的"支持"；最后，从宪法意义上来说，倘若行为人试图表达的意涵是相同的，那么是采取单击鼠标的方式还是采取多次敲击键盘的方式则并没有什么区别。上诉法院对"点赞"意涵的理解不仅坚持了开发者赋予的原初含义，还结合具体的语境进行了合理解释，即将"喜欢"延伸解释为"支持"。那么，按照同样的逻辑，在不同的语境之下，"喜欢"还有可能被解释为其他正向、积极的意涵。另外，上诉法院不从形式上区分"点赞"和"文字"的态度表明，判断一种表达是否构成美国宪法第一修正案所保护的"言论"，其关键不在于表达的形式，而在于表达的内容。可以说，上诉法院对"点赞"实质意涵的理解实际上否定了地区法院的观点。

3. 象征意涵

同时，上诉法院还注意到了"点赞"按钮的形状，即"向上的大拇指"。上诉法院认为，"向上的大拇指"所象征的意涵与"点赞"相同，即表达了卡特对亚当斯的支持。从上诉法院对"点赞"按钮的解读再一次表明，美国宪法第一修正案所保护的"言论"可以有多种不同的呈现形式。除了文字和"点赞"之外，图形也是一种有效的表达形式。

4. 类比分析

为了进一步阐明其对"点赞"的理解，上诉法院将"点赞"类比为"在自家前院展示政治标语"。[①] 上诉法院认为，正如卡特在自家前院树立一块写有"亚当斯当选警长"的政

---

① "在自家前院展示政治标语"已经被美国联邦最高法院认定为言论自由。See City of Ladue v. Gilleo, 512 U. S. 43, 54–56, 114 S. Ct. 2038, 129 L. Ed. 2d 36(1994).

治标语能够向路过他家的人传递"卡特支持亚当斯"的信息一样，卡特在亚当斯的竞选页面上点赞也能向浏览卡特个人主页或亚当斯竞选页面的人传递同样的信息。而这一点也已经被麦考伊（McCoy）以及警长办公室其他雇员的证言所证实。上诉法院的类比分析不仅让"点赞"的法律意涵更加清晰，而且也使得其对"点赞"的理解获得了更加坚定的法律依据。

总的来说，通过上诉法院的论证分析，"点赞"在美国司法实践中所具有的法律意涵已经十分清晰了。从主观意图来说，"点赞"无疑表达了行为人对被点赞内容的支持；从社会效果来说，"点赞"则将使"点赞"行为与被点赞内容广泛传播。也正是基于"点赞"的主观意图与社会效果，上诉法院将"点赞"纳入了传统法律体系之中，并将其认定为美国宪法第一修正案所保护的"言论"。

四、我国司法实践中的"点赞"

（一）样本分析

在"中国裁判文书网"上以"点赞"为关键词进行全文检索，初步获得 385 份判决书。[①] 而通过对这些判决书的阅读分析，可以进一步剔除 277 份不符合要求的判决书。[②] 那么，剩余的 108 份判决书就构成了分析我国司法实践中"点赞"意涵的样本。

通过对样本的分析，可以发现与"点赞"有关的案例呈现出如下一些特征：一是案例出现的时间较晚，相对新颖。"中国裁判文书网"所收录案例的时间跨度是从 1996 年至 2017 年，而与"点赞"相关的案例则是 2015 年之后才出现的，这与我国互联网（特别是移动互联网）社交平台的发展进程是大致同步的。[③] 二是案例发生的地点集中在北京、上海、广东等经济相对发达的地区。在 108 个样本中，北京有 51 个（占比约 47.22%），

---

① 中国裁判文书网 2017 年 7 月 11 日检索。此次检索使用了中国裁判文书网的"高级检索"功能，在"全文检索"一栏输入"点赞"一词，同时将"文书类型"一栏设定为"判决书"，进而检索获得判决书 385 份。由于裁定书等其他文书类型主要涉及程序性事项，与本书所探讨的"点赞"关系不大，因而未统计在内。

② 这 277 份不符合要求的判决书包括如下几种：①因某律所名称中含有"点赞"一词而被错误检索的判决书 233 份，如"安徽点赞律师事务所"，参见（2016）皖 01 民终 3445 号民事判决书；②因当事人名称中含有"点赞"一词而被错误检索的判决书 6 份，如"佛山点赞网络科技有限公司"，参见（2015）佛南法沥民二初字第 158 号民事判决书；③因重复录入系统导致被多次检索判决书的 8 份，参见（2015）成民终字第 2947 号民事判决书等；④"点赞"的含义与本书所研究的互联网社交平台上的"点赞"无关的判决书 30 份，如口语表达中表示赞扬、作为网吧等的名称、作为一种商业活动等等，参见（2016）冀 09 民终 2601 号民事判决书、（2017）粤 1972 刑初 414 号刑事判决书、（2014）衢柯刑初字第 480 号刑事判决书等。

③ 在主流网络社交平台中，QQ 空间、微博、知乎以及微信朋友圈先于 2005 年、2009 年、2010 年和 2012 年上线。而网络社交平台真正迎来爆发式增长则是在 2010 年之后，其与智能手机的普及以及手机网民的增长密不可分。参见中国互联网络信息中心：《中国互联网络发展状况统计报告（2011 年 1 月）》，第 37 页。

上海有 12 个(占比约 11.11%),广东有 10 个(占比约 9.26%),其余各省绝大部分都不足 3 个。这种分布状态不仅与经济发展水平一致,也与各地信息化发展状况呈正相关。[①] 三是案例主要存在于民事诉讼领域。在所有样本中,民事诉讼案例有 95 个(占比近 87.96%),刑事诉讼案例只有 13 个(占比约 12.04%),而行政诉讼案例则为 0。四是案例主要是基层人民法院审理的一审案件,且上诉比例较高。在 108 个样本中,仅有 3 个案例是由中级人民法院(包括知识产权法院)直接受理的一审案件,其余一审案件均由基层人民法院受理。[②] 而且,在所有样本中,一审案例 89 个,二审案例 19 个,上诉率约为 21.35%,高于全国平均水平。[③](见表 4-2)

表 4-2 "点赞"相关案例的基本情况

分类		案件数量/个	所占比例/%
按时间统计	2015 年	40	37.04
	2016 年	57	52.78
	2017 年(部分数据)	11	10.19
按地域统计	北京	51	47.22
	上海	12	11.11
	广东	10	9.26
	其他	35	32.41
按诉讼类型统计	民事	95	87.96
	刑事	13	12.04
	行政	0	0
按法院层级统计	最高人民法院	0	0
	高级人民法院	0	0
	中级人民法院	22	20.37
	基层人民法院	86	79.63
按审理程序统计	一审	89	82.41
	二审	19	17.59

---

① 据统计,北京、上海、广东是我国信息化发展水平最高的三个地区。参见中国互联网络信息中心:《国家信息化发展评价报告(2016)》,第 12 页。

② 这三个案例分别是(2016)吉 01 民初 338 号民事判决书、(2015)京知民初字第 2266 号民事判决书、(2015)沪知民初字第 725 号民事判决书。

③ 2013—2015 年全国的上诉率分别为 8.94%、9.85%、10.48%。见中国法律年鉴编辑部:《中国法律年鉴 2014》,中国法律年鉴社 2014 年版,第 127 页;《中国法律年鉴 2015》,中国法律年鉴社 2015 年版,第 124 页;《中国法律年鉴 2016》,中国法律年鉴社 2016 年版,第 137 页。

（二）样本中的"点赞"

从语用学的角度来看，话语的意义与其所处的特定语境密不可分。一般来说，话语的语境可以从领域、风格/参与者以及形式三个方面分析。[①] 同样的，在理解判决书中"点赞"的意涵时，也可以结合特定的语境，从领域、风格/参与者和形式三个方面进行分析。在具体的判决书中，领域是指案件类型或者案由；风格/参与者是指庭审中表达意见的各方主体，其在判决书中常以"原告诉称""被告辩称""审理查明"以及"法院认为"等语句标识；形式是指"点赞"所在语句的具体的表达方式。

1. 民事判决书

根据"点赞"在民事判决书中所发挥的不同功能，可以将其划分为两种类型。

其一，作为案件事实的"点赞"。通过对样本的分析，可知在不正当竞争、合同纠纷、劳动争议以及离婚纠纷等案件的判决书中，"点赞"往往出现在当事人或者法院对案件事实的描述部分。在这种情况下，"点赞"并非认定民事责任的要件之一，其仅仅作为一个非关键性的案件事实而存在，对民事责任的认定或者判决的结果没有决定性的影响。此时，"点赞"所具有的法律意涵仅仅是其字面含义，即一种互联网社交平台上的赞赏行为。（见表4-3）

表4-3 作为案件事实的"点赞"

案由（数量）	位置	例句	功能
不正当竞争（1）	审理查明	"该条评论有648人转发、766人留言、2099人点赞"[②]	事实描述
合同纠纷（6）	被告辩称审理查明	"由神州家教公司为评选提供后台技术支持和活动线上运营，并提供点赞数据统计和反馈"[③]	事实描述
劳动争议（2）	原告诉称	"在杂志社提供的本人工资表证据中，可以看到有因不发微博、不给微博点赞评论而克扣工资的理由……"[④]	事实描述
离婚纠纷（3）	被告辩称审理查明	"被告辛苦工作后下班回来，还要做饭、洗碗、照顾原告，而原告则上网、看碟、点赞朋友圈……"[⑤]	事实描述

其二，作为论证理由的"点赞"。在人格权（包含名誉权、生命权、肖像权）和著作

[①] M. A. K. Halliday, Cohesion in English, Longman Group Ltd, London, 1976, p. 22.

[②] （2016）吉01民初338号民事判决书。

[③] （2017）京01民终1819号民事判决书。

[④] （2015）丰民初字第18431号民事判决书。

[⑤] （2015）西民一初字第3767号民事判决书。

权侵权纠纷案件的判决书中，"点赞"不仅出现在当事人或法院对案件事实的描述部分，而且还常常作为论据用以论证当事人的主张或法院的判决结果。就名誉权、肖像权、著作权侵权纠纷而言，"点赞"数量反映了侵权行为的传播范围。"点赞"数量越多，侵权行为传播的范围就越广，进而所造成的侵权后果也就越严重；反之亦然。就生命权侵权纠纷而言，"点赞"意味着行为人知晓被点赞的内容。因而，"点赞"就被用来证明侵权人的主观过错程度。可以说，在上述案件中，"点赞"数量是确定民事侵权责任大小的重要因素之一，其对判决结果具有十分重要的影响。此时，"点赞"不仅具有字面上的含义，还具有"知晓""传播"等法律意涵。（见表4-4）

表4-4 作为论证理由的"点赞"

案由（数量）	位置	例句	功能
名誉权（38）	原告诉称 被告辩称 被上诉人辩称 审理查明 本院认为	"微博发出后，当天转发量达到8000多次，点赞4000多次，评论3000多次"① "涉案微博的点赞量和阅读量很高，由此可以看出因涉案微博的不良影响造成了自己的社会评价降低"② "并在文字说明中，恶语中伤、侮辱、诽谤原告，并肆意让微信朋友点赞和转发"③	事实描述 论证理由
生命权（1）	审理查明	"张守安对陈维亮所发微信点赞，说明其知道陈维亮喝酒的状况"④	事实描述 论证理由
肖像权（5）	上诉人诉称 审理查明	"涉案文章的浏览量是206人次且没有人点赞，扩散并不大"⑤	论证理由 事实描述
著作权（39）	原告诉称 被告辩称 上诉人诉称 审理查明	"该条博文几乎没有点赞和转发，也没有宣传被告公司产品，影响力小"⑥ "截至2014年12月29日，阅读数达100000+，点赞数达819"⑦	论证理由 事实描述

2. 刑事判决书

通过对样本中刑事判决书的分析，可以将其中的"点赞"分为两种类型：一是作为一般事实的"点赞"。例如，在诽谤罪判决书中出现的"点赞"就仅仅是被告人对案件相关事实的陈述，其并非犯罪构成要件之一。在这种情况下，"点赞"仅仅具有其字面含

---

① （2014）锦江民初字第2620号民事判决书。
② （2016）京03民终2764号民事判决书。
③ （2017）陕0523民初265号民事判决书。
④ （2015）日民一终字第1142号民事判决书。
⑤ （2016）京03民终12530号民事判决书。
⑥ （2016）沪0104民初7446号民事判决书。
⑦ （2015）东民（知）初字第01915号民事判决书。

义。二是作为犯罪构成要件之客观方面的"点赞"。例如，在故意传播虚假信息罪、利用邪教组织破坏法律实施罪、诬告陷害罪、寻衅滋事罪，以及煽动民族仇恨、民族歧视罪等案例中，"点赞"数量被视为判断危害结果严重程度的重要标准；而在合同诈骗罪、诈骗罪等案例中，"点赞"则被当作一种危害行为。在这些情况下，"点赞"不仅具有字面含义，而且还具有"传播"的法律意涵。（见表4-5）

表4-5　刑事判决书中的"点赞"

案由（数量）	位置	例句	功能
诽谤罪（1）	被告辩称	"其他网站上也有很多人跟帖，有很多人点赞，对我表示支持和赞同"①	事实描述
故意传播虚假信息罪（1）	审理查明	"该帖的阅读量为100000+，点赞106的事实"②	事实描述 论证理由
利用邪教组织破坏法律实施罪（1）	审理查明	"其转载的……被1334人浏览，其中698人转发，636人点赞"③	事实描述 论证理由
煽动民族仇恨、民族歧视罪（1）	审理查明	"发现7月12日22时12分该微信发了一张×图案的图片，有2名好友点赞"④	事实描述 论证理由
诬告陷害罪（1）	检察院指控 审理查明	"视频上传后短短两日内……点赞数达到796次"⑤	事实描述 论证理由
寻衅滋事罪（5）	本院认为 审理查明	"……转发到自己的QQ空间，并有网友浏览、点赞及评论……具有相当的社会危害性……"⑥	事实描述 论证理由
合同诈骗罪（1）	本院认为	"被告人利用微信点赞宣传……"⑦	事实描述 论证理由
诈骗罪（2）	审理查明	"……发布虚构买卖信息、评论、点赞等方式，推高发布有虚假销售信息的QQ的人气……"⑧	事实描述 论证理由

从上述分析可以看出，在我国的司法实践中，不论是民事判决书还是刑事判决书中的"点赞"往往出现在两种情形之中：一是"点赞"仅仅是一个与民事责任认定或者犯罪构成无关的非关键性案件事实。此时，"点赞"并不具有特定的法律意涵。二是"点赞"

---

① （2015）双刑初字第159号刑事判决书。
② （2016）湘0821刑初150号刑事判决书。
③ （2016）新2702刑初1号刑事判决书。
④ （2015）朝刑初字第1769号刑事判决书。
⑤ （2016）黑1282刑初359号刑事判决书。
⑥ （2016）冀0183刑初251号刑事判决书。
⑦ （2016）晋0824刑初116号刑事判决书。
⑧ （2015）玉区法刑初字第434号刑事判决书。

直接关涉民事责任的认定或者"点赞"本身就是犯罪构成要件之一。在这种情形下，"点赞"所产生的传播效果是法院认定民事责任或者判断是否构成犯罪的重要考量因素。

五、民意识别的困境

（一）主观意图抑或社会效果：两种不同的互联网司法观

诚如马克思所言，"对于法律来说，除了我的行为以外，我是根本不存在的"[①]。不过，人的行为要进入法律的调整范围（即成为"法律行为"）还必须符合一定的条件。实际上，法律行为是由主观方面和客观方面构成的。其中，主观方面主要是指行为人的主观意图，即行为是行为人自由意志的外在表现；而客观方面则是指行为所产生的社会效果。[②] 行为的主观意图和社会效果是立法者、司法者决定是否将该行为纳入法律的调整范围并给予一定法律评价的主要考量因素。作为一种新型网络行为，"点赞"是否能够成为一种法律行为或者说具有法律上的意义，也必须从这两个方面进行分析。

从美国的判例来看，"点赞"行为人就是案件的当事人，其"点赞"行为的表意性是整个案件的焦点。在面对"点赞"行为时，法院首先需要判断的是该行为到底具有何种意涵。也就是说，"点赞"是否构成行为人的"言论"。在布兰德诉罗伯茨案中，地区法院认为"点赞"不具有明确性和充分性，因而不构成"真实表达"；而上诉法院则认为，不论是从"点赞"的字面含义还是"赞"按钮的图形来看，"点赞"都明确而充分地表达了行为人的"支持"之意。对于"点赞"主观意图的不同理解是该案中地区法院与上诉法院最根本的冲突所在，这也最终导致地区法院与上诉法院作出了完全不同的判决。那么，在厘清"点赞"的主观意图并将之认定为"言论"之后，上诉法院关于"点赞"的讨论自然而然地就上升到了美国宪法第一修正案中所规定的言论自由原则这一层面。从而，法院就将"点赞"行为纳入了既有法律体系之中，并使法院的判决获得了宪法上的依据。

在我国的司法实践中，被"点赞"内容的发布者才是案件的当事人，而"点赞"行为人则几乎不会参与到案件之中。我国法院所关注的是"点赞"行为所带来的社会效果，即通过"点赞"数量的多少来证明被"点赞"内容的传播范围以及影响大小，至于"点赞"

---

① 《马克思恩格斯全集》（第一卷），人民出版社1995年版，第121页。

② 关于法律行为的构成，学界虽然存在许多争议，但各方的观点基本上都是围绕主观意图和社会效果两方面展开的。见庞德：《法理学》（第四卷），王保民、王玉译，法律出版社2007年版，第329~392页；张文显：《法哲学范畴研究》（修订版），中国政法大学出版社2001年版，第60~93页；夏锦文主编：《法哲学关键词》，江苏人民出版社2012年版，第257~281页。不过，值得注意的是，我国民法学界特别强调民事法律行为的合法性，其往往参照《民法通则》第五十四条的规定，将民事法律行为界定为"公民或者法人设立、变更、终止民事权利和民事义务的合法性行为"。见王利明：《法律行为制度的若干问题探讨》，载《中国法学》2003年第5期。

所表达的意涵则不在法院的考虑范围之内。因为在法院看来，不论"点赞"具有何种意涵，"点赞"这一行为足以表明被"点赞"的内容已经被阅读和传播。也就是说，可能涉及违法问题的是被"点赞"的内容，而非"点赞"行为。在这种情况下，法院实际上并未对"点赞"行为表态。我国司法机关的这种态度亦可从其对"点击""浏览"以及"转发"等网络行为的司法解释中得到验证。在《最高人民法院、最高人民检察院关于办理利用信息网络实施诽谤等刑事案件适用法律若干问题的解释》（法释〔2013〕21号）中，司法机关将"被点击、浏览次数达到五千次以上"或者"被转发次数达到五百次以上"解释为"情节严重"，进而作为诽谤罪的定罪标准之一。此时，司法机关也没有对"点击""浏览"以及"转发"等网络行为表态，而只是关注到了这些行为所带来的传播效应。

实际上，中美两国司法机关对待"点赞"的不同态度反映了两种不同的互联网司法观。就美国法院而言，其秉持了一种"重主观意图、轻社会效果"的互联网司法观。美国法院关于"点赞"的讨论遵循了"'点赞'行为人—主观意图—言论自由"的进路。这种做法符合美国法院一贯以来的司法风格，即在面对没有具体法律规则或判例可供依循的新情况时，法院往往会直接从宪法中寻找依据。这样既维护了现有法律体系的整全性和融贯性，又为新问题的解决创造了符合宪法精神的判例。就我国法院而言，其坚持的是一种"重社会效果、轻主观意图"的互联网司法观。在涉及"点赞"的司法实践中，我国法院遵循了"被'点赞'内容—被'点赞'数量—社会效果"的讨论进路。法院试图通过"点赞"来证明被"点赞"内容的传播范围和影响大小，进而确定被"点赞"内容发布者的法律责任。至于"点赞"行为本身所表达的主观意图则并不在法院的考虑范围之内。

（二）主客观相统一的互联网司法观

作为一种方兴未艾的网络行为，司法实践中与"点赞"相关的案例还比较少。仅就已有的案例来说，尚不能明确判断"重主观意图、轻社会效果"与"重社会效果、轻主观意图"两种互联网司法观的优劣。但从理论上来说，主观意图与社会效果应当是司法机关评价"点赞"等新型网络行为时必须考虑的两个因素，且不可偏废。一般而言，倘若只重视对行为人意志自由的保护而忽视其行为可能带来的社会效果，那么就有可能产生行为人滥用自由并损害行为相对人权益的情形；倘若将注意力完全集中在行为可能带来的社会效果而不顾行为人的主观意图，那么就可能导致行为人的缺位。而行为人的缺位或将使行为人不用为自己的行为负责，如我国司法实践中的"点赞"行为人；或将使行为人的网络活动空间受到很大的限制，如我国司法实践中"被转发次数达到五百次以上"的内容发布者。

所以说，在评价新型网络行为时，司法机关应当坚持主客观相统一的互联网司法观。以"点赞"为例，司法机关应当综合考虑"点赞"行为人的主观意图与"点赞"行为所产生的社会效果，并在此基础之上做出判断。一方面，在确定"点赞"行为人的主观意图时，应当坚持以"认同"为原则。虽然网络生活中的"点赞"具有多种意涵，但是开发者赋予的原初意涵与"点赞"的字面意涵共同构成了网络生活中"点赞"的基本意涵，即"认同"。对于这一基本意涵，"点赞"行为人应当是有明确认知的，而且"点赞"的其他意涵亦是在基本意涵的基础上衍生而来的。因此，"点赞"可以被默认为"认同"之意，且以"点赞"的方式表达"认同"与以直接发布文字的方式表达"认同"之间并无二致。当然，在"点赞"行为人有证据证明其主观意图并非"认同"时，则可以将其"点赞"行为认定为其他意涵。另一方面，在认定"点赞"行为所产生的社会效果时，应当参照"转发"等网络行为。从技术的角度来看，"点赞"所产生的传播效应是远小于"转发"的。因此，在认定"点赞"行为本身或者被"点赞"内容所造成的社会影响时，应当确定一个比较标准。以诽谤罪为例，我国司法机关将诽谤信息"被转发次数达五百次以上"作为"情节严重"的认定标准之一。那么，若将"点赞"次数也作为"情节严重"的认定标准，则应当确定一个远高于五百次的标准。总的来说，司法机关在评价"点赞"行为时，应当综合判断"点赞"是否表达了"认同"之意以及"点赞"是否达到了一定的次数。

第五章　人民陪审员：法意与民意互动的制度纽带

一、司法民主：人民陪审员制度的价值追求

马克思主义经典作家是从国家民主制度的层面来理解人民陪审员制度的。恩格斯指出，"司法权是国民的直接所有物，国民通过自己的陪审员来实现这一权力"①。人民陪审员制度是司法制度的一个重要组成部分，是人民在司法领域行使国家主人权力的具体途径。列宁也认为，"人民的代表参加法庭，这无疑是民主的开端"，反对人民代表参与审理案件的做法是"彻底背叛民主的行径"。② 人民陪审员制度是司法民主的制度载体，是民主政治的重要组成部分。

（一）人民陪审员制度的设计原则

与职业法官制度相比，人民陪审员制度的优势在于其民主性。人民通过选举自己信得过的陪审员参与审判，以确保司法判决的公平公正。可以说，民主性是人民陪审员制度的生命力所在。为了确保其民主性，人民陪审员制度的设计应当符合如下几个原则。

其一，平等参与原则。担任陪审员是人民参与管理国家事务的一项民主权利，应当保证每个人都有平等的机会成为陪审员。在分析哥特沙克一案时，马克思批判了对陪审员设置"资格限制"的做法。他认为，由于陪审员名单的编制要经过行政区长官、政府的司法代表以及检察机关的三次"清刷"，使得"政府有权操纵垄断，从特权阶级中挑选出自己惬意的人"。③ 通过资格限制，陪审法庭沦为"特权阶级的等级法庭"，建立这种法庭的目的不过是"用资产阶级良心的宽广来填补法律的空白"，而并非为了追求公平

---

① ［德］恩格斯：《刑法报·停刊》，载《马克思恩格斯全集》(第四十一卷)，人民出版社 1982 年版，第 321 页。
② ［苏］列宁：《国际法官代表大会》，载《列宁全集》(第二十二卷)，人民出版社 1990 年版，第 76 页。
③ ［德］马克思：《对哥特沙克及其同志们的审判》，载《马克思恩格斯全集》(第六卷)，人民出版社 1961 年版，第 151 页。

公正的司法审判。① 设置资格限制的做法使得担任陪审员成为部分人的特权，陪审员不再具有广泛的代表性，从而丧失了正当性基础。

其二，独立审理原则。马克思认为，陪审员制度的优越性在于陪审员作为局外人，具有相对独立的地位。在评论拉萨尔被指控"直接号召武装反对王室"一案时，马克思指出，"不领取薪俸的"陪审法庭的陪审员在"保护被告的利益"方面具有"领取薪俸的"违警法庭的法官们所不具有的优势，陪审员更能保持中立的立场。② 而一旦丧失了独立性，陪审员制度就可能走向堕落。在分析爱尔兰的陪审制时，马克思指出，由于"爱尔兰的陪审员人选是由大地主们提供的，陪审员的生活费用就取决于他们的判决"，因而丧失了其独立性，沦为"压迫"工具。③ 人民陪审员独立审理案件是审判独立原则的具体体现，是其发挥监督制衡作用的关键。

其三，同类审判原则。恩格斯指出，之所以要实行陪审员制度，是因为"每个人都有权由和自己同类的人来审讯"。④ 这不仅揭示了陪审员制度的合理性，而且还点出了陪审员制度的根本特征，即陪审员应当是被告的"同类"。正是从这一根本特征出发，马克思和恩格斯批判了资本主义国家陪审制的虚伪性。例如，在拥有 25 万人口的都柏林，仅仅只有 800 人符合陪审员的资格。而这为数不多的陪审员主要是地主、厂主以及商人等"宪章派和工人的敌人"，他们在审讯工人的案件中根本无法做到不偏不倚。因此，获得自己同类审讯的权利仅仅是富人的特权而已。恩格斯深刻地指出，英国的陪审法庭，"就其实质来说是一个政治机关，而不是法律机关"。⑤ 同类审判原则可以将阶级仇恨等政治因素排除在司法程序之外，有利于获得公正的司法判决。

其四，经常更换原则。列宁认为，陪审员应当是"经常更换的"和"临时的"。⑥ 一方面，经常更换陪审员可以让更多的人有机会参与到司法活动中来，扩大司法民主价值的影响力。另一方面，经常更换陪审员还可以避免陪审员的职业化，避免沾染上职业法官的陋习，以保持陪审员的流动性和生命力。

---

① ［德］马克思：《揭露科伦共产党人案件》，载《马克思恩格斯全集》（第八卷），人民出版社 1961 年版，第 536 页。

② ［德］马克思：《拉萨尔》，载《马克思恩格斯全集》（第六卷），人民出版社 1961 年版，第 321 页。

③ ［德］马克思：《卡·马克思关于不列颠政府对被囚禁的爱尔兰人的政策的发言记录》，载《马克思恩格斯全集》（第十六卷），人民出版社 1964 年版，第 668 页。

④ ［德］恩格斯：《英国状况：英国宪法》，载《马克思恩格斯全集》（第一卷），人民出版社 1956 年版，第 697 页。

⑤ ［德］恩格斯：《英国状况：英国宪法》，载《马克思恩格斯全集》（第一卷），人民出版社 1956 年版，第 697 页。

⑥ ［苏］列宁：《俄国共产党（布尔什维克）纲领》，载《列宁全集》（第三十六卷），人民出版社 1985 年版，第 411 页。

（二）人民陪审员制度的优势

马克思和恩格斯认为人民陪审员制度具有职业法官制度所不具有的制度优势，其更容易做出公正的司法判决。列宁通过对工业法庭的分析，系统地论述了人民陪审员制度的优势。一般来说，法庭的组成有两种情况：一是全部由职业法官组成；二是由职业法官和民选法官（即陪审员）组成。而工业法庭则是一种由工人和厂主选举相同数量的代表组成的，审理工人与厂主之间的劳动纠纷的法庭，其法官全部是民选法官。列宁认为，作为一种相对彻底的司法民主实践，工业法庭具有如下一些优势。

其一，便利性。工业法庭的便利性主要体现在两个方面：一是"对工人十分方便"①。工业法庭一般采取口头控告的形式，而且尽量选择在假日或者工人有空的时间开庭，对工人来说十分方便。二是便于查清案情。工业法庭的审判员来源于工人和厂主，"审判员很了解工厂的事情"②，不会像职业法官那样仅仅基于规章制度等文件进行审判。

其二，教育性。一方面，"工人们在工业法庭上和通过工业法庭能够学到法律知识"③。工人们通过担任审判员能够学习法律知识，而其他的工人在与担任过审判员的工人的交流过程中也可以比较方便地了解法律知识。另一方面，"使工人习惯于独立参与社会事务和国家事务"④。通过观察审判员的审判活动，工人们可以更加清楚地了解他们是不是善于表达工人们的真正需求和愿望，是不是善于捍卫工人们的利益，从而在下次选举活动中将优秀的人选举为审判员，这实际上是对工人的一次民主训练。

其三，监督性。通过工业法庭的公开审判活动，"使工厂中的事务和工厂生活中的一切事件更多地公之于世"⑤，这样可以加强对厂主的监督，避免其胡作非为。同时，厂主和工人共同担任工业法庭的法官，公开讨论案件、一起表决，工人获得了和厂主平起平坐的地位，"使厂主、经理和工头等习惯于有礼貌地对待工人"⑥。

（三）小结

马克思主义经典作家将人民陪审员制度视为国家民主制度的一个重要组成部分，是司法民主的直接体现。通过对资本主义国家陪审法庭的批判，马克思和恩格斯揭示了陪

---

① ［苏］列宁：《论工业法庭》，载《列宁全集》（第四卷），人民出版社1984年版，第239页。
② ［苏］列宁：《论工业法庭》，载《列宁全集》（第四卷），人民出版社1984年版，第239页。
③ ［苏］列宁：《论工业法庭》，载《列宁全集》（第四卷），人民出版社1984年版，第242页。
④ ［苏］列宁：《论工业法庭》，载《列宁全集》（第四卷），人民出版社1984年版，第243页。
⑤ ［苏］列宁：《论工业法庭》，载《列宁全集》（第四卷），人民出版社1984年版，第244页。
⑥ ［苏］列宁：《论工业法庭》，载《列宁全集》（第四卷），人民出版社1984年版，第245页。

审员制度的三原则，即平等参与、独立审理、同类审判。列宁在继承马克思和恩格斯所提出的三原则的基础上，进一步提出了经常更换原则。只有满足这四项原则，人民陪审员制度才能发挥其司法民主价值。另外，列宁还进一步论述了人民陪审员制度的三大优势，即便利性、教育性、监督性。

在马克思主义经典作家看来，人民群众通过担任陪审员直接参与司法活动的意义已经超出了案件审理本身，其意义更多地体现为，人民群众直接参与司法活动是整个国家民主制度的一个重要组成部分，是人民群众在司法领域的民主实践，也是对人民群众的民主训练。正如列宁所说，担任陪审员"只不过是更广泛、更根本的要求的一个小小的组成部分。这个更广泛的、更根本的要求就是：人民要有政治权利，也就是说，人民要有参加国家管理的权利"[①]。

二、人民陪审员制度的中国实践

我国的陪审制最早可以追溯至清末变法时期。清末修订法律大臣沈家本等在起草刑事、民事诉讼法时，参考《周礼》三刺之法以及西方的陪审制，主张设置陪审员。[②] 辛亥革命之后，国民政府出台的《武汉国民政府新司法制度》《参审陪审条例》以及《反革命案件陪审暂行法》等法律文件也对陪审制做出了具体规定。[③] 而我国现行的人民陪审员制度则是在马克思主义的指导下建立的，以司法民主为价值追求的司法制度，其发轫于中国共产党领导的革命根据地。

（一）革命根据地时期

1932 年 2 月 1 日，中华苏维埃共和国中央执行委员会公布的《中华苏维埃共和国军事裁判所暂行组织条例》规定，初级军事裁判所审判时的法庭由一名裁判员和两名陪审员组成，其中陪审员由士兵选举产生。[④] 这是陪审员制度第一次出现在红色政权的正式法律文件之中。1932 年 6 月 9 日公布的《中华苏维埃共和国裁判部暂行组织及裁判条

---

① ［苏］列宁：《论工业法庭》，载《列宁全集》（第四卷），人民出版社 1984 年版，第 249～250 页。

② 西北政法学院法制史教研室编印：《中国近代法制史资料选辑（1840—1949）》（第三辑），1985 年 2 月，第 3～5 页。

③ 西北政法学院法制史教研室编印：《中国近代法制史资料选辑（1840—1949）》（第三辑），1985 年 2 月，第 69～74 页、第 75～80 页、第 279～282 页。

④ 韩延龙、常兆儒编：《中国新民主主义革命时期根据地法制文献选编》（第三卷），中国社会科学出版社 1981 年版，第 294～299 页。

例》则将陪审员制度的适用范围扩大到一般刑事和民事案件。① 至此，人民陪审员制度在中央苏区正式建立。之后，在其他革命根据地先后出台了《晋察冀边区陪审制度暂行办法》《晋西北陪审暂行办法》《山东省陪审暂行办法（草案）》《淮海区人民代表陪审条例（草案）》等法律文件，进一步完善了人民陪审员制度。②

在革命根据地实行人民陪审员制度是革命政权民主化建设的一个重要方面，是马克思主义司法民主观的生动实践。这一时期，司法机关隶属于行政机关，是民主专政政权的重要组成部分，"被视为当然的专政工具"③。正如林伯渠所言，这一时期的司法制度既是"服务于政治的"，又"向人民负责"。④ 民主原则是革命政权的基本组织和工作原则，也是司法机关的组织和工作原则，而人民陪审员制度则是民主原则在司法领域的具体体现。在回顾陕甘宁边区的人民司法工作时，马锡五指出，"人民陪审员制度是审判工作民主化的一个重要标志"，实行人民陪审员制度"可以吸引群众参与国家管理，提高人民群众的主人翁思想和政治责任感"。⑤

这一时期的人民陪审员制度充分体现了平等参与原则和同类审判原则。人民陪审员来源于广大人民群众，其一般由"职工会、雇农工会及其他群众团体"选举的代表担任（第二次国内革命战争时期），⑥ 或者由"群众团体代表""参议会驻会委员会代表""地方公正人士"担任（抗日战争时期）。⑦ 这些人通过担任陪审员参与司法活动，既可以"协助收集证据，搞清案情"，又能够以"自己人"的身份"进行说理说法"，从而达到"使当事人无法狡辩，心悦诚服"的效果。⑧ 人民陪审员制度充分体现了其便利性优势，不仅保证了司法裁判的公平公正，还获得了广大群众的拥护和支持。

（二）中华人民共和国成立之初

中华人民共和国成立之后，人民陪审员制度得以保留和发展。1951 年 9 月 3 日通过

---

① 韩延龙、常兆儒编：《中国新民主主义革命时期根据地法制文献选编》（第三卷），中国社会科学出版社1981 年版，第 306～312 页。

② 韩延龙、常兆儒编：《中国新民主主义革命时期根据地法制文献选编》（第三卷），中国社会科学出版社1981 年版，第 371～374 页、第 442～445 页、第 449～451 页、第 474～475 页。

③ 张晋藩：《中国司法制度史》，人民法院出版社 2004 年版，第 569 页。

④ 《陕甘宁边区林主席报告边区政府工作（节录）》，载武延平、刘根菊等编：《刑事诉讼法学参考资料汇编》（上册），北京大学出版社 2005 年版，第 105 页。

⑤ 马锡五：《新民主主义革命阶段中陕甘宁边区的人民司法工作》，载武延平、刘根菊等编：《刑事诉讼法学参考资料汇编》（上册），北京大学出版社 2005 年版，第 169 页。

⑥ 西北政法学院法制史教研室编印：《中国近代法制史资料选辑（1840—1949）》（第三辑），1985 年 2 月，第129 页。

⑦ 张希坡主编：《革命根据地法制史》，法律出版社 1994 年版，第 532 页。

⑧ 马锡五：《新民主主义革命阶段中陕甘宁边区的人民司法工作》，载武延平、刘根菊等编：《刑事诉讼法学参考资料汇编》（上册），北京大学出版社 2005 年版，第 169 页。

的《中华人民共和国人民法院暂行组织条例》第 6 条规定，为便于人民参与审判，人民法院应视案件性质，实行人民陪审制。① 这是中华人民共和国成立之后，第一次在全国性的法律文件中明确规定人民陪审员制度。② 1954 年 9 月第一届全国人民代表大会第一次会议通过的《中华人民共和国宪法》和《中华人民共和国人民法院组织法》进一步确认了人民陪审员制度。至此，人民陪审员制度在我国正式建立。

这一时期，司法机关被视为"人民民主专政中最锐利的武器之一"③，其任务是"巩固人民民主专政，维护新民主主义的社会秩序，保卫人民的革命成果和一切合法权益"④。为了实现这一"艰巨而光荣的任务"，必须走"群众路线"，必须"联系群众、依靠群众"，而陪审员制度则是"贯彻群众路线在司法制度上的应有措施"⑤。在这一时期，人民陪审员制度的外部价值在于巩固人民民主专政，是保卫民主制度的工具和武器；其内部价值在于通过吸引群众代表直接参加司法活动，"协助审判""密切法庭与人民的联系""提高群众对国家的责任心和主人翁感"⑥。

这一时期的人民陪审员制度主要体现了同类审判原则。中华人民共和国成立之后，废除了国民党的六法全书，取消了国民党的反动司法机关，旧司法工作人员亦不得直接参与人民司法工作，客观上导致了司法工作人员不足的局面。而 1952—1953 年，全国司法机关又进行了"彻底的改造和整顿"。⑦ 全国 2063 家法院共清理出"坏分子和不宜作人民司法工作者"共计 5557 人，占原有司法干部数的 24.71%，其中一半以上是旧司法工作人员和其他旧人员。⑧ 司法工作人员不足的紧张局面进一步加剧。在此背景下，大

---

① 《中华人民共和国人民法院暂行组织条例》，载武延平、刘根菊等编：《刑事诉讼法学参考资料汇编》（中册），北京大学出版社 2005 年版，第 711 页。

② 有一种说法认为，1949 年 9 月通过的《中国人民政治协商会议共同纲领》明确规定了人民陪审员制度。但是，经笔者查阅，《中国人民政治协商会议共同纲领》中并没有关于人民陪审员制度的直接规定。其中，涉及司法制度的内容主要集中在第 17 条，该条规定，"废除国民党反动政府一切压迫人民的法律、法令和司法制度，制定保护人民的法律、法令，建立人民司法制度"。

③ 史良：《中央人民政府司法部史良部长关于第一届全国司法会议的综合报告》，载武延平、刘根菊等编：《刑事诉讼法学参考资料汇编》（中册），北京大学出版社 2005 年版，第 709 页。

④ 许德珩：《关于〈中华人民共和国人民法院暂行组织条例〉的说明》，载武延平、刘根菊等编：《刑事诉讼法学参考资料汇编》（中册），北京大学出版社 2005 年版，第 717 页。

⑤ 史良：《中央人民政府司法部史良部长关于第一届全国司法会议的综合报告》，载武延平、刘根菊等编：《刑事诉讼法学参考资料汇编》（中册），北京大学出版社 2005 年版，第 709 页。

⑥ 史良：《关于加强人民司法工作建设的报告》，载武延平、刘根菊等编：《刑事诉讼法学参考资料汇编》（中册），北京大学出版社 2005 年版，第 758 页。

⑦ 史良：《关于加强人民司法工作建设的报告》，载武延平、刘根菊等编：《刑事诉讼法学参考资料汇编》（中册），北京大学出版社 2005 年版，第 755 页。

⑧ 史良：《关于加强人民司法工作建设的报告》，载武延平、刘根菊等编：《刑事诉讼法学参考资料汇编》（中册），北京大学出版社 2005 年版，第 755 页。

量的"工人、农民、青年知识分子"被任命为人民陪审员，[①] 以缓解"案多人少"所带来的压力。为了迅速扩大审判人员队伍，甚至直接"选择人民陪审员中的工人、农民，复员的解放军军人，进步的知识分子，加以短期训练后充任审判员"[②]。可以看出，这一时期的人民陪审员来源于人民群众，体现了同类审判的原则，也体现了人民当家做主。

而随着审判人员队伍的逐渐饱和，司法机关对人民陪审员的依赖逐渐降低，出现了有违独立审理原则的现象。1963 年 2 月 11 日，最高人民法院发布的《关于结合基层普选选举人民陪审员的通知》专门强调，"少数人民法院，由于怕麻烦，或者认为人民陪审员不起作用，在审理应当实行陪审的案件时，不通知人民陪审员参加审判，这是违法的，应予纠正"。但是，人民陪审员"陪而不审或只在裁判文书上署名的形式主义做法"却不断增加，[③] 人民陪审员成为专业审判人员的附庸，严重违背了人民陪审员独立审理的原则。

专业的审判人员对人民陪审员制度的不满主要集中在三个方面：一是"陪审员数量太大，不便于管理"；二是"陪审员中的大部分是'兼职'陪审员，这部分人起的作用不大"；三是"法院希望对陪审员的选举享有更大的自主裁量权"。[④] 专业审判人员试图以一种专业司法的视角检视人民陪审员制度，而忽视了人民陪审员制度所具有的司法民主价值。面对这样的局面，最高人民法院选择了让步。在 1964 年 1 月 18 日做出的《关于民事案件在开庭审理前试行调解时不必邀请人民陪审员参加的批复》中，最高人民法院同意"民事案件在开庭审理前的试行调解工作，审判员可以独自主持进行，不必邀请人民陪审员参加"。"文化大革命"期间，司法机关被"砸烂"，司法制度遭到严重破坏，人民陪审员制度也未能幸免。

（三）改革开放之后

改革开放之后，人民陪审员制度得以重新恢复。1978 年 3 月 5 日通过的《宪法》第 41 条第二款规定，人民法院审判案件，依照法律的规定实行群众代表陪审的制度。人民陪审员制度获得了宪法依据。紧接着，为落实宪法的规定，1978 年 3 月 27 日，最高人民法院发布了《关于人民法院陪审的群众代表产生办法的通知》，对人民陪审员的选

①　董必武：《加强人民司法工作》，载武延平、刘根菊等编：《刑事诉讼法学参考资料汇编》（中册），北京大学出版社 2005 年版，第 760 页。

②　《第二届全国司法会议决议》，载武延平、刘根菊等编：《刑事诉讼法学参考资料汇编》（中册），北京大学出版社 2005 年版，第 776 页。

③　《关于人民法院工作若干问题的规定》，载武延平、刘根菊等编：《刑事诉讼法学参考资料汇编》（中册），北京大学出版社 2005 年版，第 924 页。

④　钟莉：《价值·规则·实践：人民陪审员制度研究》，上海人民出版社 2011 年版，第 35 页。

举工作做了安排。随后，通过一系列立法，人民陪审员制度得以全面恢复。

经历了"文化大革命"，我国原有的司法制度遭到严重破坏，大部分司法工作人员被打倒、下放或者调离司法工作岗位，司法队伍再次面临人员紧缺的困境。另外，在"文化大革命"期间，我国的法学教育受到重创，直至被完全取消。据统计，1971—1976年，"全国总共才招法学学生 329 人，占全国在校生总数不到 0.1%"①。法学教育的取消，导致法律专业人才的匮乏，影响了司法队伍的建设。同时，由于平反冤假错案工作的展开，法院的审判任务急剧增加。为了缓解"案多人少"的紧张局面，人民陪审员制度得以迅速恢复。

这一时期的人民陪审员制度主要体现了平等参与原则。根据《关于人民法院陪审的群众代表产生办法的通知》等文件的规定，人民陪审员通过民主选举产生。在选举基层人民代表时，同时选举人民陪审员。这不仅保证了人民群众平等参与人民陪审员选举活动的权利，而且使人民陪审员获得了广泛的民意基础。另外，在确定人民陪审员候选人时，还充分考虑了城市、乡村、机关、厂矿、学校、团体、妇女、少数民族等因素，最大限度地保证了人民陪审员的代表性和广泛性。据调查，1979 年，广州市某基层法院有超过 100 名人民陪审员，并且普遍参与了人民法院的审判活动。② 广泛的参与性和代表性保证了人民陪审员制度的民主特质，有利于增强其生命力。

然而，随着司法职业化改革的推进，人民陪审员制度的生存空间被逐步压缩。一方面，法学教育得以迅速恢复和发展，培养了大批法学专业人才，缓解了司法队伍的人员紧张局面，使得"业余的"人民陪审员不再那么重要。另一方面，审判长和独任审判员选任制度、审判长和独任审判员依职责签发裁判文书、简易程序适用范围以及证据收集制度等一系列改革的推进，强化了专业法官的职责，使得人民陪审员显得有些"碍手碍脚"。以 1982 年《宪法》删除关于人民陪审员制度的规定为标志，人民陪审员制度走向衰落。1983 年修订后通过的《人民法院组织法》更是将人民陪审员制度由一项"概括性肯定"的制度变成了"选择性"制度。③ 这一时期人民陪审员制度的发展变化体现了司法职业化因素与民主化因素之间此消彼长的关系。由于司法改革选择了职业化之路，人民陪审员制度所具有的民主价值不再被看重，这就必然导致其走向衰败。

（四）2004 年以来

2004 年 8 月 28 日，全国人大常委会通过了《全国人民代表大会常务委员会关于完

---

① 李龙、邝少明：《中国法学教育百年回眸》，载《现代法学》1999 年第 6 期。
② 钟莉：《价值·规则·实践：人民陪审员制度研究》，上海人民出版社 2011 年版，第 40 页。
③ 周永坤：《人民陪审员不宜精英化》，载《法学》2005 年第 10 期。

善人民陪审员制度的决定》，对人民陪审员的产生办法、参与审理的案件范围、职权、任职条件、免职情形、履职保障等方面做出了全面的规定。该决定是我国第一部关于人民陪审员制度的专门性法律。随后，最高人民法院先后出台了《关于人民陪审员选任、培训、考核工作的实施意见》《关于人民陪审员管理办法（试行）》《关于人民陪审员参加审判活动若干问题的规定》以及《关于进一步加强和推进人民陪审工作的若干意见》等司法解释，对人民陪审员制度的具体实践做出了详细的规定。关于人民陪审员制度的法律和司法解释密集出台，表明该制度再次得到顶层设计者的重视。

这一时期，我国的司法正面临严重的信任危机。一方面，司法腐败案件频发。[①] 特别是最高人民法院原副院长黄松有、辽宁省高级人民法院原院长田凤岐等司法系统的高官因贪腐而落马，让人们有理由对司法系统的廉洁性和公正性产生怀疑。另一方面，一些司法判例强烈地冲击了人们既有的价值准则，让人产生"葫芦僧乱判葫芦案"的疑虑。例如，泸州二奶案、云南李昌奎案等案例，涉及"法理"与"情理"的冲突，而一旦法官依"法"裁判，则会导致群"情"激愤，加之媒体推波助澜，最终导致人们对法官审判水平的质疑。在网络时代，司法机关的任何过错都会被迅速放大和扩散，使得司法机关常常处于"被围攻"的悲惨境地。在这种情况下，人民陪审员制度所具有的民主价值再次获得重视。

借助人民陪审员制度所具有的便利、教育与监督等优势，重塑司法公信力，是这一时期加强人民陪审员制度建设的主要考量。2010 年 1 月 14 日起施行的《最高人民法院关于人民陪审员参加审判活动若干问题的规定》明确指出，涉及群体利益的、公共利益的、人民群众广泛关注的以及其他社会影响较大的刑事、民事、行政一审案件，原则上应当由人民陪审员和法官共同组成合议庭进行审理。这几类案件都是容易引起社会关注、形成舆论热点的案件，也是最容易让法院陷入舆论旋涡的案件。在这些案件中，如何实现"法意"与"民意"的平衡，对于重建司法公信力具有重要意义。让人民陪审员参与这些案件的审理，可见司法机关借助人民陪审员制度重塑司法公信力的意图。2010年 6 月 29 日，最高人民法院印发的《关于进一步加强和推进人民陪审工作的若干意见》更是明确指出，实行人民陪审员制度，可以使司法活动更加贴近社会生活、贴近人民群众、贴近时代要求，是人民群众直接感受司法公正、司法走近人民的有效途径，有利于社会各界客观了解法院工作的真实情况，减少乃至消除社会上对法院审判案件可能产生的误解，进一步增强人民法院的司法权威，从而更好地实现案件裁判法律效果与社会效

---

① 例如，2013 年第 15 期《财经》杂志刊登的《法官腐败报告》一文，选取 1995—2013 年 200 个法官贪腐案例作为样本，对法官的贪腐情况进行了实证研究，具有很高的参考价值。

果的有机统一。从该意见可以看出，在重塑司法公信力方面，司法机关对人民陪审员制度寄予了厚望。

（五）经验教训

从中华苏维埃共和国时期在军事裁判所中实行陪审制开始，人民陪审员制度在我国已经实行了 80 多年。在这漫长的岁月里，人民陪审员制度的发展并非一帆风顺，而是跌宕起伏。虽说人民陪审员制度的命运与外部政治环境密切相关，但值得注意的是，人民陪审员制度从未被明确废止，一直是我国司法制度的重要组成部分。从这一点来看，人民陪审员制度的兴衰不能简单地归结于政治原因，其本身的制度建设也值得进一步审视。

人民陪审员制度具有天然的民主性质。人民陪审员不同于职业法官，其产生于普通群众之中，常常经由选举而产生，是一种"民选法官"，这是人民陪审员制度的核心，也是其生命力之所在。马克思主义从实质民主的角度出发，将人民陪审员制度视为司法民主的主要制度载体，并提出了平等参与、独立审理、同类审判、经常更换等四项制度设计原则。我国人民陪审员制度的发展历史表明，只有坚持民主性的本质，人民陪审员制度才能发挥其便利性、教育性以及监督性的功能，而对民主性的忽视必然导致人民陪审员制度的衰败。

在革命根据地时期，坚持以平等参与和同类审判为原则设计人民陪审员制度，使其很好地发挥了便利性优势，支持了革命根据地司法工作的开展；在中华人民共和国成立之初，较好地坚持了同类审判原则，为司法领域的破旧立新做出了重要贡献；改革开放之初，在平等参与原则的指导下选举人民陪审员，很好地缓解了当时"案多人少"的紧张局面。

但是，在 20 世纪 60 年代和 80 年代，分别出现了一股无视人民陪审员制度之民主价值的倾向，特别是 20 世纪 80 年代以来的司法职业化改革，使人民陪审员制度在一定程度上背离了平等参与、独立审理、同类审判以及经常更换等四原则，造成人民陪审员制度徒有其表、流于形式。人民陪审员制度民主性的丧失，使其不再具有沟通民意的功能，职业化司法与大众化民意之间的隔阂越来越深。久而久之，不信任司法、不相信司法判决的情绪弥漫于整个社会，司法公信力受到了严重的打击。

三、法意与民意互动视角下的人民陪审员制度改革

2015 年 4 月 1 日，中央全面深化改革领导小组第 11 次会议通过了由最高人民法院

和司法部联合制定的《人民陪审员制度改革试点方案》（以下简称《试点方案》），人民陪审员制度改革的顶层设计初步完成。紧接着，2015 年 4 月 24 日，全国人民代表大会常务委员会通过了《关于授权在部分地区开展人民陪审员制度改革试点工作的决定》（以下简称《授权决定》），授权最高人民法院在北京、河北、黑龙江、江苏、福建、山东、河南、广西、重庆、陕西十个省（区、市）各选择五个法院（含基层人民法院及中级人民法院）开展人民陪审员制度改革试点工作。人民陪审员制度改革获得了法律支持。至此，新一轮人民陪审员制度改革的准备工作已经完成。2015 年 4 月 28 日，最高人民法院、司法部正式启动了人民陪审员制度改革试点工作。2017 年 4 月 27 日，全国人民代表大会常务委员会通过了《关于延长人民陪审员制度改革试点期限的决定》，决定将试点期限延长 1 年。2018 年 4 月 27 日，第十三届全国人民代表大会常务委员会第二次会议通过了《中华人民共和国人民陪审员法》（以下简称《人民陪审员法》）。至此，本轮人民陪审员制度改革基本完成。值得注意的是，本轮人民陪审员制度改革的背景已经发生了重大变化。特别是，随着互联网的快速发展和自媒体的兴起，司法不公或者司法脱离人民群众一般认知的现象被迅速传播和放大，引发人们对司法的不满，加剧了司法公信力的流失。在此背景下，通过保障人民群众参与司法，促进司法公正，重塑司法公信力，成为本轮司法改革的重要目标。而人民陪审员制度则是实现这一目标的制度载体之一。因此，本轮人民陪审员制度改革应当以保障人民群众参与司法或者说司法民主作为出发点和价值依归。实际上，本轮改革的主要措施均体现了司法民主，并考虑到了司法与舆论的互动。

（一）选任条件

根据《全国人民代表大会常务委员会关于完善人民陪审员制度的决定》等法律和司法解释的规定，担任人民陪审员的公民应当年满 23 周岁，且一般应具有大专以上文化程度。《试点方案》对此进行了修改。一方面，将担任人民陪审员的年龄条件从 23 周岁提高到了 28 周岁；另一方面，将担任人民陪审员的学历要求从大专降低至高中，且农村地区和贫困偏远地区公道正派、德高望重者不受学历限制。选任条件的"一升一降"使得试点地区人民陪审员的平均年龄达到 45 周岁，且高中以下（包括高中）学历的人民陪审员所占比例由改革前的 18.3% 增至 38.5%。[①] 选任条件的改革扩大了人民陪审员的选任范围，有利于更多的普通群众成为人民陪审员，对于增强人民陪审员的代表性具有一定的积极作用。

---

① 周强：《最高人民法院关于人民陪审员制度改革试点情况的中期报告》，载中国人大网 2016 年 7 月 1 日。

但是，将学历作为人民陪审员选任条件的做法，实际上违背了平等参与原则，并不符合人民陪审员制度的民主属性。一方面，作为一项政治权利，每个公民担任人民陪审员的机会应当是平等的，学历不应该成为判断公民是否拥有政治权利的标准。人民陪审员制度的设计应当符合"在机会公平平等的条件下职务和地位向所有人开放"这一正义原则。① 另一方面，学历无法成为人民陪审员履职能力的判断标准。特别是，在互联网时代，人们的学习途径是多样的。人民陪审员履职所需的基本文化知识完全可以在日常生活中习得。因此，"各国普遍未对陪审员的学历水平设限，充其量只要求陪审员具有基本的读写能力"②。

以学历或年龄为标准，对公民担任人民陪审员的资格进行限制，其暗含的逻辑是年龄越大、学历越高的人越能出色地完成人民陪审员的工作。这实际上是一种专业司法的视角，其试图以衡量专业法官的标准挑选人民陪审员。延续这一逻辑，似乎应当回到"里老人理讼"制度，或者选择具有博士学位的高级知识分子来担任人民陪审员，这显然是与人民陪审员制度的民主特质相违背的。担任人民陪审员是公民的一项政治权利，除非存在影响司法审判活动正常进行或者出现明显不正义的情况之外，不应对公民担任人民陪审员的资格进行限制。

因此，在最终通过的《人民陪审员法》中，学历标准不再是一个强制性要求。《人民陪审员法》第5条第四款规定，担任人民陪审员，一般应当具有高中以上文化程度。从"一般"二字可以看出，立法者不再将学历作为担任人民陪审员的必要条件，体现了立法者对人民陪审员制度民主属性的深刻认知。

另外，还有一类特殊的人民陪审员，即专业人民陪审员，其存在的必要性有待商榷。《人民陪审员制度改革试点工作实施办法》（以下简称《实施办法》）规定："人民法院可以根据人民陪审员专业背景情况，结合本院审理案件的主要类型，建立专业人民陪审员信息库。"专业人民陪审员的存在并不合理。一方面，人民陪审员制度的价值在于让普通群众参与到司法活动之中，实现司法民主。选择特定专家作为人民陪审员不仅背离了司法民主的价值取向，而且实际上是剥夺了其他普通陪审员的陪审权利，违背了平等参与原则。另一方面，特定专家经常担任某类案件的人民陪审员，实际上已经成为职业法官，但是其所受的从业约束却大大低于职业法官，这样难免发生利益纠葛，影响裁判的公正性。从根本上说，专业人民陪审员的存在是职权主义司法观的体现。法院试图在审判团队中加入专业人员，以便更为主动地查明案情。实际上，按照诉辩双方平等对

① ［美］罗尔斯：《正义论（修订版）》，何怀宏、何包钢、廖申白译，中国社会科学出版社2009年版，第237页。
② 施鹏鹏：《陪审制研究》，西南政法大学2007年博士学位论文，第164页。

抗、法官居中裁判的审判模型，专业问题应当通过专家证人、鉴定意见等制度来解决，而无须法官主动调查。因此，专业人民陪审员存在的正当性是存疑的。正是认识到了这一点，在最终通过的《人民陪审员法》以及随后由司法部、最高人民法院、公安部联合发布的《人民陪审员选任办法》中，取消了专业人民陪审员的相关规定。

（二）选任程序

随机制和任期制是保证人民陪审员经常更换的两种制度安排。一般来说，具体参与某次审判活动的人民陪审员是从人民陪审员名单中随机抽取的。随机抽取是否能够真正做到"随机"，在很大程度上取决于人民陪审员名单的确定方式和人数多寡。《全国人民代表大会常务委员会关于完善人民陪审员制度的决定》采取了单位或者户籍所在地的基层组织推荐，或者本人申请的方式确定人民陪审员的原始名单，再经过一系列法律程序最终确定。而人民陪审员的名额，则没有给出一个具体的数据，而是根据审判案件的需要确定。在这种制度安排下，由于推荐与申请成为人民陪审员的公民并不多，导致人民陪审员名单容量小且相对固定，无法做到真正的随机抽取。而且虽然该法律规定了人民陪审员的任期为5年，但是由于有意愿和可能成为人民陪审员的公民数量太少，长期连任的现象比较普遍，容易出现"陪审专业户""驻庭陪审员"等现象。

《试点方案》改变了推荐、申请的做法，要求每5年从符合条件的当地选民（或者当地常住居民）名单中随机抽选当地法院法官员额数5倍以上的人员作为人民陪审员候选人，再从审核过的候选人中随机抽选不低于当地法院法官员额数3到5倍的人员作为人民陪审员。《人民陪审员法》和《人民陪审员选任办法》坚持了随机抽选的原则，并进一步明确人民陪审员的名额数不低于本院法官数的3倍，且一般不得连任。这种做法最大限度地保证了随机制和任期制的落实，既可以让更多的公民有机会成为人民陪审员，也避免了人民陪审员职业化所带来的弊端。

（三）参审范围

就人民陪审员的参审范围而言，每一个案件的被告或被告人都有获得同类审判的权利，应该尽量将所有案件都纳入人民陪审员的参审范围。按照最高人民法院发布的《人民陪审员参加审判活动若干问题的规定》的要求，涉及群体利益的、公共利益的、人民群众广泛关注的以及其他社会影响较大的案件原则上应当由审判员和人民陪审员组成合议庭进行审理。《试点方案》延续了这一规定，并且首次规定，可能判处10年以上有期徒刑、无期徒刑的第一审刑事案件原则上也应当实行人民陪审制审理。

人民陪审员参审案件的范围虽然得到扩大，但是仍然有进一步扩大的空间。人民陪审员制度的根本出发点应当是保障人民的司法民主权利，以及通过司法民主促进司法公正。哪些案件应当适用人民陪审制，哪些案件可以不适用人民陪审制，应当从司法民主与司法公正的角度来考虑。从司法民主的角度来说，任何案件都应当纳入人民陪审员参审的范围之内，一视同仁是民主的前提；从司法公正的角度而言，也应当以实行人民陪审制为原则，以不实行人民陪审制为例外。每一个案件都应当获得公正的裁判，案件是否具有较大的社会影响并不能成为其是否应当获得公正的标准。

因此，《人民陪审员法》进一步扩大了人民陪审员参审案件的范围。首先，《人民陪审员法》规定涉及群体利益、公共利益的，人民群众广泛关注或者其他社会影响较大的，案情复杂或者有其他情形需要由人民陪审员参加审判的等三类第一审刑事、民事、行政案件由人民陪审员和法官组成合议庭。其次，《人民陪审员法》还规定有些第一审案件需要由人民陪审员和法官组成7人合议庭。这些案件包括可能判处10年以上有期徒刑、无期徒刑、死刑，社会影响重大的刑事案件；根据民事诉讼法、行政诉讼法提起的公益诉讼案件；涉及征地拆迁、生态环境保护、食品药品安全，社会影响重大的案件；其他社会影响重大的案件。最后，《人民陪审员法》还赋予第一审刑事案件被告人、民事案件原告或者被告、行政案件原告等诉讼参与人申请人民陪审员参加合议庭的权利。人民法院根据诉讼参与人的申请决定由人民陪审员和法官组成合议庭审判。至此，人民陪审员参审案件的范围基本实现了全覆盖，有效地贯彻了同类审判原则。

（四）参审机制与职权

就人民陪审员的参审机制而言，应当确保人民陪审员真正融入审判活动之中，这是独立审理的前提。一直以来，有关人民陪审员的法律和司法解释都强调，人民陪审员依法参加人民法院的审判活动，除不得担任审判长外，同法官有同等权利。但在现实中，"陪而不审""审而不议"等情况比较普遍，人民陪审员常常充当"花瓶"的角色。为了改变这一现象，《试点方案》对人民陪审员参审案件机制进行了改革：一是探索重大案件由3名以上人民陪审员参加合议庭机制，二是健全人民陪审员提前阅卷机制，三是保障人民陪审员在庭审过程中参与调查、发问以及调解等权利，四是完善人民陪审员参加合议庭评议程序。应该说，这一系列改革措施有利于人民陪审员真正参与到审判活动之中，变"陪"审员为陪"审"员。

就人民陪审员的职权而言，应当充分发挥人民陪审员的优势。一般来说，案件的审理包含事实认定和法律适用两个方面。就事实认定而言，往往通过常识判断便能够得出正确的结论，其并不涉及艰深的法律知识，这正是人民陪审员的强项，也是职业法官可能陷入专业局限的领域；而就法律适用来说，其不仅涉及对法律规定的理解，更需要确定相关的法律规定与案件事实之间的对应关系，是一个专业的涵摄活动，必须由专业的法官来完成。因此，《试点方案》一改旧规，要求逐步探索实行人民陪审员不再审理法律适用问题，只参与审理事实认定问题。《人民陪审员法》则区分了两种情况：一是人民陪审员参加三人合议庭审判案件，对事实认定和法律适用均独立发表意见，行使表决权。二是人民陪审员参加七人合议庭审判案件，只对事实认定独立发表意见，并与法官共同表决；而对法律适用则可以发表意见，但不参加表决。实际上，由于法律专业知识的局限，人民陪审员在审理法律适用问题时的独立判断能力是有限的，往往只能听从专业法官的意见，这种情况反而会影响人民陪审员在审理事实认定部分时的信心和判断。特别是由七人组成合议庭审判的案件往往存在法律适用上的疑难，因而需要更为专业的法律素养。因此，将人民陪审员的职权明确限定在其擅长的事实认定部分，更能够保证人民陪审员的独立性。

（五）培训

就人民陪审员的培训而言，应该注意保持人民陪审员的本色，这是同类审判原则的必然要求。《试点方案》和《实施办法》并没有对具体的培训内容进行规定，而从《最高人民法院关于人民陪审员制度改革试点情况的中期报告》中可以得知培训的内容包括人民陪审员权利义务、审判程序、证据认定、司法礼仪与行为规范等内容。2019 年 4 月，最高人民法院和司法部联合发布的《人民陪审员培训、考核、奖惩工作办法》进一步规定，培训内容包括政治理论、陪审职责、法官职业道德、审判纪律和法律基础知识等，也可以结合本地区案件特点与类型安排培训内容。这实际上改变了以前着重培训法律知识的做法，值得肯定。大众化的人民陪审员与专业化的法官之间存在着明显的差异，这种差异正是人民陪审员得以独立存在的基础。特别是在人民陪审员只参与审理事实认定部分的情况下，人民陪审员在履职过程中对法律知识的需要就更少了，其更多的是基于常识进行判断。

（六）履职保障

就人民陪审员的报酬而言，既应当避免人民陪审员因参与审判活动而受到损失，也应当避免其获利。《试点方案》《实施办法》以及《人民陪审员法》都强调应当为人民陪审员履职提供相应便利和保障。特别是人民陪审员所在单位不得因人民陪审员履行陪审职责而对其实施解雇以及减少工资或薪酬待遇等不利措施。一方面，这些规定旨在保障人民陪审员不因参与审判活动而受到损失，合情合理；另一方面，在实际操作过程中，不应给人民陪审员发放超额补助，避免人民陪审员可以从陪审活动中获益。发放超额补助将使得部分公民视人民陪审员为一种职业，从而出现"职业陪审员""陪审专业户"。这样，人民陪审员便丧失了其应有的独立性，无法很好地发挥监督职业法官的作用。

人民陪审员制度是马克思主义司法民主观的重要体现，经过长期的实践，已经深深地嵌入我国的民主政治制度之中，成为司法民主的重要载体。特别是人民陪审员制度所固有的民主价值，对于司法与舆论的互动具有重要意义。正因为如此，在新一轮的司法改革中，人民陪审员制度受到了高度重视，被寄予厚望。而通过汲取历次改革的经验教训，对人民陪审员制度进行民主化改造，以充分发挥其民主价值，则是该制度重新获得生命力的关键。在此次人民陪审员试点改革的过程中，融入了更多的民主元素，也尽可能地避免了人民陪审员的职业化。从马克思主义司法民主观与人民陪审员制度发展的经验教训来看，对人民陪审员制度进行民主化建构，使其成为沟通民意与法意的桥梁，应成为本轮改革的关键。

第六章 于欢案：法意与民意互动的个案分析

一、案情介绍①

被告人于欢的母亲苏某在山东省冠县工业园区经营山东源大工贸有限公司（以下简称源大公司），于欢系该公司员工。2014年7月28日，苏某及其丈夫于某1向吴某、赵某1借款100万元，双方口头约定月息10%。至2015年10月20日，苏某共计还款154万元。其间，吴某、赵某1因苏某还款不及时，曾指使被害人郭某1等人采取在源大公司车棚内驻扎、在办公楼前支锅做饭等方式催债。2015年11月1日，苏某、于某1再向吴某、赵某1借款35万元。其中10万元，双方口头约定月息10%；另外25万元，通过签订房屋买卖合同，用于某1名下的一套住房作为抵押，双方约定如逾期还款，则将该住房过户给赵某1。2015年11月2日至2016年1月6日，苏某共计向赵某1还款29.8万元。吴某、赵某1认为该29.8万元属于偿还第一笔100万元借款的利息，而苏某夫妇认为是用于偿还第二笔借款。吴某、赵某1多次催促苏某夫妇继续还款或办理住房过户手续，但苏某夫妇未再还款，也未办理住房过户。

2016年4月1日，赵某1与被害人杜某2、郭某1等人将于某1上述住房的门锁更换并强行入住，苏某报警。赵某1出示房屋买卖合同，民警调解后离去。4月13日上午，吴某、赵某1与杜某2、郭某1、杜某7等人将上述住房内的物品搬出，苏某报警。民警处警时，吴某称系房屋买卖纠纷，民警告知双方通过协商或诉讼解决。民警离开后，吴某责骂苏某，并将苏某头部按入坐便器接近水面位置。当日下午，赵某1等人将上述住房内物品搬至源大公司门口。其间，苏某、于某1多次拨打市长热线求助。当晚，于某1通过他人调解，与吴某达成口头协议，约定次日将住房过户给赵某1，此后再付30万元，借款本金及利息即全部结清。

---

① 案情介绍来源于最高人民法院指导案例93号：于欢故意伤害案。

4月14日，于某1、苏某未去办理住房过户手续。14日16时许，赵某1纠集郭某2、郭某1、苗某、张某3到源大公司讨债。为找到于某1、苏某，郭某1报警称源大公司私刻财务章。民警到达源大公司后，苏某与赵某1等人因还款纠纷发生争吵。民警告知双方协商解决或到法院起诉后离开。李某3接赵某1电话后，伙同么某、张某2和被害人严某、程某到达源大公司。赵某1等人先后在办公楼前呼喊，在财务室内、餐厅外盯守，在办公楼门厅外烧烤、饮酒，催促苏某还款。其间，赵某1、苗某离开。20时许，杜某2、杜某7赶到源大公司，与李某3等人一起饮酒。20时48分，苏某按郭某1要求到办公楼一楼接待室，于欢及公司员工张某1、马某陪同。21时53分，杜某2等人进入接待室讨债，将苏某、于欢的手机收走放在办公桌上。杜某2用污秽言语辱骂苏某、于欢及其家人，将烟头弹到苏某胸前衣服上，将裤子褪至大腿处裸露下体，朝坐在沙发上的苏某等人左右转动身体。在马某、李某3劝阻下，杜某2穿好裤子，又脱下于欢的鞋让苏某闻，被苏某打掉。杜某2还用手拍打于欢面颊，其他讨债人员实施了揪抓于欢头发或按压于欢肩部不准其起身等行为。22时07分，公司员工刘某打电话报警。22时17分，民警朱某带领辅警宋某、郭某3到达源大公司接待室了解情况，苏某和于欢指认杜某2殴打于欢，杜某2等人否认并称系讨债。22时22分，朱某警告双方不能打架，然后带领辅警到院内寻找报警人，并给值班民警徐某打电话通报警情。于欢、苏某想随民警离开接待室，杜某2等人阻拦，并强迫于欢坐下，于欢拒绝。杜某2等人卡于欢颈部，将于欢推拉至接待室东南角。于欢持刃长15.3厘米的单刃尖刀，警告杜某2等人不要靠近。杜某2出言挑衅并逼近于欢，于欢遂捅刺杜某2腹部一刀，又捅刺围逼在其身边的程某胸部、严某腹部、郭某1背部各一刀。22时26分，辅警闻声返回接待室。经辅警连续责令，于欢交出尖刀。杜某2等四人受伤后，被杜某7等人驾车送至冠县人民医院救治。15日2时18分，杜某2经抢救无效，因腹部损伤造成肝固有动脉裂伤及肝右叶创伤导致失血性休克死亡。严某、郭某1的损伤均构成重伤二级，程某的损伤构成轻伤二级。

二、法律争议

从法律适用的角度而言，本案最大的争议是于欢的捅刺行为是否构成正当防卫、构成何种正当防卫以及如何量刑。关于正当防卫，《刑法》第20条规定了一般防卫、防卫过当以及特殊防卫三种情形。其中，一般防卫是指《刑法》第20条第一款规定的情形，即为了使国家、公共利益、本人或者他人的人身、财产和其他权利免受正在进行的不法侵害，而采取的制止不法侵害的行为，对不法侵害人造成损害的，属于正当防卫，不负刑事责任；防卫过当是指《刑法》第20条第二款规定的情形，即正当防卫明显超过必要限度造成重大损害的，应当负刑事责任，但是应当减轻或者免除处罚；而特殊防卫则是指《刑法》第20条第三款规定的情形，即对正在进行行凶、杀人、抢劫、强奸、绑架以及其他严重危及人身安全的暴力犯罪，采取防卫行为，造成不法侵害人伤亡的，不属于防卫过当，不负刑事责任。一般认为，正当防卫仅指一般防卫和特殊防卫两种情况，而不包括防卫过当。"防卫过当是正当防卫的量变引起质变的结果。"①在犯罪构成体系中，正当防卫是违法阻却事由，具有出罪的法律效果；而防卫过当则只是法定的减轻或免除处罚的事由，其适用以构成犯罪为前提。根据《刑法》第20条的规定，从主客观相统一的刑法原则出发，正当防卫的构成条件可以分为主观条件和客观条件。其中，主观条件主要是指防卫意图；而客观条件则包括前提条件和限度条件。所谓前提条件是指防卫起因、防卫对象以及防卫时间，而限度条件是指防卫限度。具体而言，判断于欢的捅刺行为是否构成正当防卫，可以从如下几个方面进行判断。

（一）防卫起因

不法侵害现实存在是正当防卫的起因。也就是说，当不存在不法侵害时，就不可能存在正当防卫。正如陈兴良教授所言，"正当防卫和不法侵害是正与不正的关系：正当防卫之正以不法侵害之不正为前提，不法侵害之不正决定正当防卫之正"②。在实践中，判断是否存在不法侵害应当注意如下几个问题：一是不法侵害既包括犯罪行为，也包括一般违法行为。这是因为，一般违法行为有转化为犯罪行为的可能性，而这种转化又并非操之于防卫人之手。一般违法行为一旦转化为犯罪行为，不法侵害的结果可能已经发生，而此时再进行正当防卫就失去了意义。因此，不能苛求防卫人对不法侵害的性质进行准确的判断，而是应当赋予防卫人对犯罪行为和一般违法行为都有进行正当防卫的权利。二是不法侵害应当确实存在，而不能是防卫人的臆测。在判断是否存在不法侵害时，应当坚持主客观相统一的原则。在主观上，防卫人应当认识到不法侵害；而在客观上，防卫人所认识到的不法侵害应当确实存在。当防卫人基于错误的认识，针对本不存在的"不法侵害"进行防卫时，则构成假想防卫。对于假想防卫，应当按照事实认识错误的处理原则认定防卫人的法律责任。

在于欢案中，是否存在不法侵害是判断于欢的捅刺行为是否构成正当防卫的一个关键因素。在该案中，被害人杜某2等人来到源大公司的目的在于讨债。倘若是正常的讨

---

①　陈兴良：《正当防卫论》（第3版），中国人民大学出版社2017年版，第40页。

②　陈兴良：《正当防卫论》（第3版），中国人民大学出版社2017年版，第39页。

债行为，则当然不构成不法侵害。但是，杜某 2 等人到达源大公司后，随即采取派人在财务室内、餐厅外盯守，在办公楼门厅外烧烤、饮酒，收走苏某、于欢的手机，用污秽言语辱骂苏某、于欢及其家人，将烟头弹到苏某胸前衣服上，裸露下体，脱下于欢的鞋让苏某闻，用手拍打于欢面颊，揪抓于欢头发、按压于欢肩部不准其起身等行为。从 16 时至 22 时，在长达 6 个小时的时间里，于欢母子的人身自由实际上处于被剥夺的状态，并且还承受了强大的精神压力。根据《刑法》第 238 条第一款规定，非法拘禁他人或者以其他方法非法剥夺他人人身自由的，处三年以下有期徒刑、拘役、管制或者剥夺政治权利。具有殴打、侮辱情节的，从重处罚。该条第三款还专门规定，为索取债务非法扣押、拘禁他人的，依照前两款的规定处罚。可见，被害人杜某 2 等人的行为实际上剥夺了于欢母子的人身自由，符合非法拘禁罪的构成要件。也就是说，在本案中不法侵害是现实存在的。

（二）防卫时间

不法侵害正在进行是正当防卫的时间条件。也就是说，只能针对正在进行的不法侵害进行正当防卫。所谓不法侵害正在进行包括两重含义：一是不法侵害已经发生。也就是说，不法侵害人已经着手实施不法侵害。倘若不法侵害人仅仅只是准备实施不法侵害，但尚未实际着手实施，此时便不能进行正当防卫，而是要通过检举、揭发等途径寻求国家公权力的救济。二是不法侵害尚未结束。也就是说，不法侵害行为正在进行，或者说，不法侵害行为所导致的危险尚在持续。此时，防卫人只有通过采取正当防卫行为才能够制止不法侵害行为或者排除不法侵害行为带来的危险。但是当不法侵害已经结束时，则不能实施正当防卫，而是应当交由公权力机关处理。《刑法》第 20 条有关正当防卫的规定，"其立法原意和立法精神就是为了强化防卫权，鼓励公民勇于实施正当防卫"①。正当防卫是法律赋予公民的一项权利。当不法侵害正在进行时，公民无法及时获得公权力的救济，而只得通过正当防卫的方式进行私力救济。无论是不法侵害发生前，还是不法侵害结束后，公民都可以直接寻求公权力的救济，而没有采取私力救济的紧迫性。此时，公民采取的防卫行为属于防卫不适时。

在于欢案中，于欢的捅刺行为是否发生在不法侵害正在进行时，则是另一个关键要点。从案发当日 16 时许，杜某 2 等人便实际上剥夺了于欢母子的人身自由。不法侵害已经发生，这一点毋庸置疑。至于不法侵害是否已经结束，特别是出警民警到达现场是否产生了终止不法侵害的效果，则需要进一步分析。案发当日 22 时 17 份，出警民警到

①　高铭暄：《于欢案审理对正当防卫条款适用的指导意义》，载《人民法院报》2017 年 6 月 24 日。

达源大公司接待室，并向双方当事人了解情况。此时，在民警在场的情况下，于欢母子的人身自由实际上处于公权力的保障之下，不法侵害已经结束。但是，民警在警告双方不能打架后，离开接待室到院内寻找报警人。民警离开后，于欢母子想随民警离开接待室，但被杜某2等人阻拦，并强迫于欢坐下。可见，此时于欢母子的人身自由再一次被剥夺。并且杜某2等人还进一步卡于欢颈部，并将于欢推拉至接待室东南角。在于欢持刀警告杜某2等人不要靠近后，杜某2依旧出言挑衅并逼近于欢。可见，于欢当时所面临的不法侵害依旧在持续。

（三）防卫对象

正当防卫的对象是不法侵害人。在认定防卫对象时，应当注意两点：一是防卫对象只能是不法侵害人，而不能是不法侵害人之外的其他人。尤其应当注意的是，正当防卫不能以不法侵害人的亲属等作为防卫对象。二是防卫对象包括不法侵害行为的直接实施者及其共犯。实际上，在不法侵害中，不法侵害行为的直接实施者和其他共犯是一个整体，均可被认定为不法侵害人。

在于欢案中，于欢的防卫对象是否为不法侵害人也是一个值得注意的问题。在该案中，于欢先后捅伤杜某2、程某、严某以及郭某1等四人。其中，在限制于欢母子人身自由的过程中，杜某2不仅采取了辱骂、裸露下体等侮辱行为，还采取了拍打、卡脖子等控制行为。特别是，当于欢持刀警告时，杜某2还进一步出言挑衅并逼近于欢。可见，杜某2是不法侵害行为的直接实施者。此外，程某、严某以及郭某1等人的行为虽然没有杜某2激烈，但他们是非法拘禁的共犯。程某、严某以及郭某1等人与杜某2均系赵某1招来的讨债人员，他们与杜某2共同实施了剥夺于欢母子人身自由的行为。因此，程某、严某以及郭某1等人应当与杜某2视为一个整体。所以说，程某、严某以及郭某1等人也可以成为正当防卫的对象。

（四）防卫意图

正当防卫的意图在于保护合法权益。根据《刑法》第20条第一款之规定，正当防卫行为所保护的合法权益应当包括国家利益、公共利益、本人或者他人的人身、财产和其他权利。只有当行为人的反击行为是为了保护合法权益之时，才有可能构成正当防卫；反之，则不能构成正当防卫。在实践中，有些行为从外观上看似乎构成正当防卫，但是由于行为人不具有保护合法权益之防卫意图，因而不能被认定为正当防卫。这些行为主要包括：一是防卫挑拨。所谓防卫挑拨是指行为人通过挑拨、刺激等方式诱使对方先向自己发起不法侵害，然后以正当防卫之名侵害对方的行为。在防卫挑拨中，虽然从外观上看行为人的行为符合正当防卫的客观构成条件，但是行为人不具备保护合法权益之防卫意图，反而具有侵害对方之故意，因而不能被认定为正当防卫。二是相互斗殴。所谓相互斗殴是指双方出于侵害对方的目的而进行的相互侵害行为。在相互斗殴中，双方主观上都具有侵害对方之故意，而无保护合法权益之防卫意图，因而不能被认定为正当防卫。不过，当一方已经放弃斗殴（如认输、逃跑等）时，另一方若继续实施侵害行为，则放弃斗殴的一方可以为了保护自身合法权益而实施必要的反击行为，该行为可以构成正当防卫。三是偶然防卫。所谓偶然防卫是指，"行为人不知他人正在实行不法侵害，而故意对其实施侵害行为，结果正好制止了其不法侵害"①。在偶然防卫的情形下，虽然行为人的行为从客观上制止了不法侵害，但其主观上不仅没有保护合法权益之防卫意图，反而具有侵害对方之故意，因而不能构成正当防卫。

在于欢案中，于欢的捅刺行为是否具有保护合法权益之防卫意图是一个值得注意的问题。"防卫意图是防卫认识因素与意志因素的统一。"②所谓认识因素是指行为人对不法侵害的存在等防卫前提具有相应的认识。在于欢案中，于欢对自己及其母亲正在遭受不法侵害这一事实是具有明确认知的。从案发当日 16 时许，于欢母子的人身自由实际上就已经被限制甚至剥夺。特别是，当 21 时 53 分，杜某 2 等人进入接待室后，对于欢母子进行辱骂、侮辱，甚至用手拍打于欢面颊、揪抓于欢头发以及按压于欢肩部不准其起身等，对于欢母子的人身安全造成极大的威胁。民警到达现场后，当于欢母子欲随民警离开接待室时，杜某 2 等人采取阻拦、强迫于欢坐下、卡于欢颈部、推拉于欢以及挑衅逼近于欢等行为，对于欢的人身安全构成现实、迫切的威胁。杜某 2 等人的不法侵害行为是直接针对于欢母子的，作为被侵害的一方，于欢对正在进行的不法侵害有着清晰的认识。所谓意志因素是指行为人具有保护合法权益之目的。意志因素是建立在认识因素的基础之上的。在于欢案中，于欢被杜某 2 等人推拉至接待室东南角，退无可退之时，拿起桌上的尖刀，警告杜某 2 等人不要靠近。可见，于欢拿起尖刀的目的在于阻止杜某 2 等人继续实施不法侵害。然而，于欢的警告并未阻止杜某 2 等人。杜某 2 继续出言挑衅，并进一步逼近于欢。此时，于欢捅刺杜某 2 腹部一刀，又捅刺围逼在其身边的程某胸部、严某腹部、郭某 1 背部各一刀。从整个过程来看，于欢拿起尖刀的目的在于阻止杜某 2 等人继续实施不法侵害。当杜某 2 不听警告，反而进一步逼近时，于欢才用刀捅刺。可见，主观上于欢只是为了保护自己和母亲的合法权益免受正在进行的不法侵害，而非故意犯罪。因此，从防卫意图而言，于欢的行为符合正当防卫的构成要件。

---

① 刘明祥：《论偶然防卫》，载《法学家》1996 年第 3 期。

② 赵秉志：《于欢案防卫过当法理问题简析》，载《人民法院报》2017 年 6 月 25 日。

（五）防卫限度

正当防卫的限度条件是指正当防卫行为不能明显超过必要限度。所谓必要限度是指防卫行为应当以制止不法侵害所必需为标准，在性质、手段、强度以及所造成的损害结果等方面与不法侵害行为基本相当。值得注意的是，在判断正当防卫行为是否超过必要限度时，不能简单地要求正当防卫行为与不法侵害行为在性质、手段、强度以及所造成的损害结果等方面基本相同或基本相等。正当防卫行为的限度问题是司法实践中判断是否构成正当防卫的核心问题。基于防卫限度问题，延伸出两种值得关注的情形。

一是特殊防卫问题。《刑法》第 20 条第三款规定，对正在进行行凶、杀人、抢劫、强奸、绑架以及其他严重危及人身安全的暴力犯罪，采取防卫行为，造成不法侵害人伤亡的，不属于防卫过当，不负刑事责任。在特殊防卫情形下，除了应当符合一般防卫的防卫起因、防卫时间、防卫对象、防卫意图四个构成要件之外，特殊防卫没有防卫限度方面的要求。不过，特殊防卫指适用于行凶、杀人、抢劫、强奸、绑架以及其他严重危及人身安全的暴力犯罪。首先，特殊防卫只适用于严重危及人身安全的暴力犯罪。这是考虑到严重危及人身安全的暴力犯罪具有严重的社会危害性，其对被害人可能造成极其重大的伤害，因而法律允许被害人或其他人尽可能采取一切手段制止这类犯罪。其次，具体而言，严重危及人身安全的暴力犯罪可以是行凶、杀人、抢劫、强奸、绑架以及其他犯罪。一方面，行凶、杀人、抢劫、强奸、绑架是比较常见的严重危及人身安全的暴力犯罪，其可以适用特殊防卫。但需要指出的是，只有当行凶、杀人、抢劫、强奸、绑架以暴力的方式进行时才可以适用特殊防卫，而当这些犯罪以投毒等非暴力的方式进行时，则不能适用特殊防卫。此外，行凶并非一种罪名，而是对故意伤害类犯罪行为的一种泛指。另一方面，除了行凶、杀人、抢劫、强奸、绑架之外，其他严重危及人身安全的暴力犯罪也可以适用特殊防卫。例如，以危险方法危害公共安全、劫持航空器等。在判断其他类型的犯罪是否适用特殊防卫时，应当从该犯罪行为是否达到严重危及人身安全的程度和是否采取暴力手段进行两方面来考虑。

二是防卫过当问题。《刑法》第 20 条第二款规定，正当防卫明显超过必要限度造成重大损害的，应当负刑事责任，但是应当减轻或者免除处罚。防卫过当与正当防卫既有联系，又有区别。首先，在防卫起因、防卫时间、防卫对象、防卫意图四个方面，防卫过当与正当防卫的要求是相同的。也就是说，防卫过当也必须是为了使国家、公共利益、本人或者他人的人身、财产和其他权利免受正在进行的不法侵害，而采取的制止不法侵害的行为，即防卫过当也应具有防卫性。其次，在防卫限度上，防卫过当超过了正当防卫所要求的必要限度，造成了重大损害，这是区分防卫过当与正当防卫的关键。正是因为防卫过当超过了必要限度，因此，防卫过当不能仅因其防卫性而出罪，而是要按照犯罪构成要件定罪量刑。不过，鉴于防卫过当的防卫性，应当减轻或者免除处罚。

在于欢案中，于欢的捅刺行为是否明显超过必要限度是本案最核心的争议焦点。首先需要厘清的是于欢的捅刺行为是否能够适用特殊防卫。在该案中，杜某2等人采取非法拘禁的方式剥夺于欢母子的人身自由，试图通过制造恐慌迫使于欢母子还债。在非法拘禁期间，杜某2等人采取了在财务室内、餐厅外盯守，在办公楼门厅外烧烤、饮酒，用污秽言语辱骂苏某、于欢及其家人，将烟头弹到苏某胸前衣服上，将裤子褪至大腿处裸露下体，脱下于欢的鞋让苏某闻，用手拍打于欢面颊，揪抓于欢头发，按压于欢肩部不准其起身等行为。接警民警到达后，于欢母子欲随民警离开接待室时，杜某2等人为阻拦于欢母子采取了强迫于欢坐下、卡于欢颈部、推拉于欢至接待室东南角等行为，以及在于欢持刀警告时，杜某2等人出言挑衅并逼近于欢。上述这些行为虽然给于欢母子造成了较大的心理压力，但暴力程度相对较低，可见杜某2等人保持了一定程度的克制，并不想严重危及于欢母子的人身安全。因此，于欢的捅刺行为不能适用特殊防卫。其次需要进一步厘清的是于欢的捅刺行为是否构成防卫过当，也就是说，于欢的捅刺行为是否明显超过了必要限度。在该案中，杜某2等人的侵害行为是非法拘禁，而于欢的防卫行为是持刀捅刺。从不法侵害的手段来说，杜某2等人采取了盯守、辱骂、羞辱、拍打、揪头发、按压肩部等手段，可见杜某2等人并未使用刀具等凶器，更多的是一种心理恫吓，而于欢所采取的手段则是持刀捅刺。从不法侵害的结果来说，杜某2等人的行为剥夺了于欢母子的人身自由，而于欢的行为则造成杜某2死亡、严某和郭某1重伤、程某轻伤的严重后果。通过比较可知，于欢的防卫行为在手段与后果两方面都与杜某2等人的不法侵害明显不相适应，于欢的防卫行为明显超过了必要限度，构成防卫过当。

总而言之，从法律适用的角度来说，争议的焦点集中在于欢的捅刺行为是否构成正当防卫。具体来说，判断于欢的捅刺行为是否构成正当防卫可以从防卫起因、防卫时间、防卫对象、防卫意图、防卫限度五个方面进行分析。通过详细的法律分析可知，于欢的捅刺行为在防卫起因、防卫时间、防卫对象、防卫意图四个方面符合正当防卫的要求，具有防卫性。但是，在防卫限度方面，于欢的捅刺行为明显超过必要限度，构成防卫过当。

三、民意焦点

（一）舆情概况

2017 年 3 月 25 日，《南方周末》在其微信公众号发表了一篇题为《刺死辱母者》的文章。该文引发社会各界的广泛关注，迅速成为网络舆论的讨论焦点。① 除了《刺死辱母者》一文外，在相当短的时间内还出现了许多被大量转发的评论性文章，进一步放大了社会的关注度。以在微信公众号上发表的文章为例，通过检索发现，在《刺死辱母者》一文发表后的一周内（即 2017 年 3 月 25 日至 2017 年 3 月 31 日）一共出现了 31 篇阅读量超过 10 万次的文章（见表 6-1）。② 通过对这些文章的详细分析，可以进一步得知社会大众在讨论于欢案时所关注的焦点。

表 6-1　有关于欢案的"阅读 10 万+"微信公众号文章（2017-3-25—2017-3-31）

序号	标题	关键词	公众号	时间
1	刺死辱母者	辱母；高利贷；警察；正当防卫	南方周末	3.25
2	"辱母杀人"案，司法如何面对汹涌的舆论？	司法与舆论	中央政法委长安剑	3.25
3	"刺死辱母者"案若发生在古代，孝子要不要把牢底坐穿？	辱母；法律与孝道	凤凰新闻客户端	3.25
4	面对母亲受辱，如果你是于欢	辱母；伦理；正义	海涛评论	3.25
5	杀人者，儿子！有男人把生殖器放到母亲的脸上，你怎么办？	辱母；法律与人性	周健野谈	3.25
6	血性男儿哪有罪？刺死辱母者既是正当防卫，更是见义勇为！	辱母；孝；正当防卫	易中天	3.26
7	辱母杀人案：对司法失去信任才是最可怕的	法律与人情	侠客岛；中国新闻周刊；瞭望智库	3.26

---

①　实际上，在 2017 年 3 月 23 日出刊的《南方周末》上已经登载了《刺死辱母者》一文，但并未引起社会大众的广泛关注。直至 2017 年 3 月 25 日，《南方周末》微信公众号转载了该文，才引发大量的讨论。见王瑞峰：《刺死辱母者》，载《南方周末》2017 年 3 月 23 日。

②　值得注意的是，《刺死辱母者》一文发表一周后，相关讨论迅速减少，网络舆论的关注焦点快速转移至其他话题，这也反映出互联网时代舆论焦点迅速更替的特征。

续表1

序号	标题	关键词	公众号	时间
8	辱母杀人案：法律如何回应伦理困局	法律与伦理	人民日报； 人民日报评论	3.26
9	【"辱母杀人"案追踪】中国司法：不负江山不负卿	法律效果与社会效果	中央政法委长安剑	3.26
10	山东辱母杀人案丨正义感是块肥肉，谁都想来割一块	辱母；正义；警察	Vista看天下	3.26
11	急诊医生眼里，辱母者是如何一步步成功作死的	伤情处置	丁香头条	3.26
12	辱母杀人，谁来保护掉入高利贷陷阱的人们？	高利贷；警察	三联生活周刊	3.26
13	被辱母亲：我不能死，死了孩子就见不到娘了丨刺死辱母者	性格；家庭	每日人物	3.26
14	辱母背后：谁是冠县黑社会的后台？	高利贷；黑恶势力	浙股	3.26
15	刺死辱母者，有罪还是无罪	高利贷；黑恶势力；警察；正义	电影铺子	3.26
16	"辱母杀人案"：法律与道德被双重贬值	法律；道德	后沙	3.26
17	在评论于欢案之前，能告诉我你评论的基础是什么吗？	司法与舆论	CU检说法	3.26
18	生有于欢，死有海子	辱母；高利贷；警察；伦理	王开东	3.26
19	写给于欢	辱母；人性；孝道	静美的世界	3.26
20	辱母案所折射出的真正可怕现象是：坏人比好人更善于利用规则	法理与情理	今日平说	3.27
21	古人如何看待"刺死辱母者"	辱母；法律与孝道	时寒冰	3.27
22	辱母刺人案，揭露了另一个大问题	高利贷	人民网	3.27
23	辱母杀人案，背后真正的关键问题浮出水面	经济发展	智谷趋势	3.27
24	于欢案，谁来拨正真相的天平	案件事实	Holee的早餐	3.27

续表2

序号	标题	关键词	公众号	时间
25	辱母杀人案：不怕黑社会，就怕社会黑	警察	女人坊	3.28
26	于欢这样的男子汉，请给我来一打！宁可教子猛如狼，不可教子绵如羊！	辱母；伦理；正义；教育	青榄家长地带	3.28
27	一线民警从于欢案中看出了什么，竟引起了部委高层的深思	警察权威	基层警务	3.29
28	所谓辱母杀人案，你需要了解的是这些事实！	案件事实	环球时报	3.29
29	"辱母杀人案"的背后真相与实业之殇	法律与经济；高利贷	功夫财经	3.30
30	"刺死辱母者"背后的真凶与经济之痛	法律与经济；高利贷	时寒冰	3.30
31	辟谣："陈兴良教授就于欢案答新华社记者问"是假新闻！	辟谣	法律人那些事	3.30

（二）讨论焦点

1. 辱母

"辱母"是舆论关注的核心焦点。从文章标题来看，在上述 31 篇"阅读 10 万+"的微信公众号文章中，有 24 篇文章的标题体现了"辱母"情节，并以此指代其所要讨论的这一案件。在这 24 篇文章的标题中，或直接使用"辱母""辱母杀人案""母亲受辱""被辱母亲"等词汇，或对"辱母"情节进行直白的描述（如"周健野谈"微信公众号发表的《杀人者，儿子！有男人把生殖器放到母亲的脸上，你怎么办？》一文）。仅有 7 篇文章的标题使用"于欢""于欢案"等不带情感色彩的表达，以指代引起舆论热议的这一案件。从文章内容来看，上述"阅读 10 万+"的微信公众号文章或以"辱母"作为全文讨论的重点，或从"辱母"情节出发，引出对其他问题的讨论。以《刺死辱母者》一文为例，该文第一段即对"辱母"情节进行了详细的刻画。① 通过使用"辱骂""抽耳光""鞋子捂嘴""脱下裤子"等几个简单的词汇，"辱母"情节跃然纸上，迅速挑动了阅读者的道德情感。在其他

---

① 该文第一段仅有一句话，即"辱骂、抽耳光、鞋子捂嘴，在 11 名催债人长达一小时的凌辱之后，杜某 2 脱下裤子，用极端手段污辱苏银霞——当着苏银霞儿子于欢的面"。

文章中,《面对母亲受辱,如果你是于欢》《杀人者,儿子! 有男人把生殖器放到母亲的脸上,你怎么办?》《血性男儿哪有罪? 刺死辱母者既是正当防卫,更是见义勇为!》等文章直接讨论了"辱母"问题;《"刺死辱母者"案若发生在古代,孝子要不要把牢底坐穿?》《古人如何看待"刺死辱母者"》等文章讨论了中国传统中法律与孝道的关系问题;《"辱母杀人"案,司法如何面对汹涌的舆论?》《辱母杀人案:对司法失去信任才是最可怕的》《辱母杀人案:法律如何回应伦理困局》《"辱母杀人案":法律与道德被双重贬值》等文章借"辱母"话题讨论了法律与道德、司法与舆论的关系问题;《辱母杀人,谁来保护掉入高利贷陷阱的人们?》《"辱母杀人案"的背后真相与实业之殇》《辱母背后:谁是冠县黑社会的后台?》等文章借"辱母"话题讨论了社会治理、经济发展等问题。可见,无论是从标题还是内容来看,"辱母"情节都是"阅读 10 万+"的微信公众号文章讨论的焦点之一,甚至可以说是最主要的讨论焦点。

2. 高利贷

高利贷问题也是舆论讨论的另一个焦点。根据《刺死辱母者》一文的报道,2014 年 7 月和 2015 年 11 月,于欢的母亲苏银霞分两次向吴某借款 100 万元和 35 万元,约定月利息 10%。截至 2016 年 4 月,苏银霞共还款 184 万元,并将一套 140 平米价值 70 万元的房子抵债,最后还剩 17 万元欠款无力偿还。在普通社会大众看来,借贷月利息高达 10% 以及偿还金额远高于借贷金额,甚至需要用房子抵债等情形,让人立即联想到高利贷。在我国社会,一方面,从法律角度来说,高利贷是一种违法行为。根据最高人民法院、最高人民检察院、公安部以及司法部《关于办理非法放贷刑事案件若干问题的意见》第 1 条第一款之规定,发放高利贷可以按非法经营罪定罪处罚。① 同时,与高利贷相伴而生的还有其他暴力犯罪,如故意杀人、故意伤害、非法拘禁、故意毁坏财物、寻衅滋事以及组织、领导、参加黑社会性质组织等犯罪行为。② 另一方面,从道德层面来说,高利贷是许多人伦惨变、家庭悲剧的直接诱因,因而为社会大众所不容。在上述"阅读 10 万+"的微信公众号文章中,《辱母杀人,谁来保护掉入高利贷陷阱的人们?》

---

① 最高人民法院、最高人民检察院、公安部以及司法部联合发布的《关于办理非法放贷刑事案件若干问题的意见》第 1 条第一款规定,违反国家规定,未经监管部门批准,或者超越经营范围,以营利为目的,经常性地向社会不特定对象发放贷款,扰乱金融市场秩序,情节严重的,依照《刑法》第 225 条第(四)项的规定,以非法经营罪定罪处罚。

② 最高人民法院、最高人民检察院、公安部以及司法部联合发布的《关于办理非法放贷刑事案件若干问题的意见》第 6 条第二、三款规定,为强行索要因非法放贷而产生的债务,实施故意杀人、故意伤害、非法拘禁、故意毁坏财物、寻衅滋事等行为,构成犯罪的,应当数罪并罚。纠集、指使、雇佣他人采用滋扰、纠缠、哄闹、聚众造势等手段强行索要债务,尚不单独构成犯罪,但实施非法放贷行为已构成非法经营罪的,应当按照非法经营罪的规定酌情从重处罚。第 7 条第一款规定,有组织地非法放贷,同时又有其他违法犯罪活动,符合黑社会性质组织或者恶势力、恶势力犯罪集团认定标准的,应当分别按照黑社会性质组织或者恶势力、恶势力犯罪集团侦查、起诉、审判。

《辱母背后：谁是冠县黑社会的后台？》《辱母案所折射出的真正可怕现象是：坏人比好人更善于利用规则》《辱母杀人案：不怕黑社会，就怕社会黑》等文章均从法律和道德两个层面批判了该案中存在的高利贷行为，引起社会大众的广泛共鸣。此外，还有一些文章透过高利贷现象，进一步发掘背后隐藏的宏观经济问题，如《"辱母杀人案"的背后真相与实业之殇》《"刺死辱母者"背后的真凶与经济之痛》《辱母刺人案，揭露了另一个大问题》《辱母杀人案，背后真正的关键问题浮出水面》等。这些文章从苏银霞选择借高利贷这一行为出发，揭示了中小民营企业融资难等问题，也引发了不小的关注。

3. 执法

民警出警后的现场执法行为是否规范也是舆论关注的焦点。《刺死辱母者》一文对民警的执法行为进行了大量描述。特别是该文中的部分文字，如"苏银霞四次拨打110和市长热线""民警进入接待室后，说了一句'要账可以，但是不能动手打人'，随即离开""匆匆赶来的民警未能阻止这场羞辱""警察这时候走了，他娘俩只有死路一条"等，在读者心中建构出民警失职渎职的印象。该文的上述描写被其他文章广泛引用，进一步强化了社会大众的认知。最终，在舆论场上该案的案情被简化为于欢母子多次寻求警察的救济，但警察不仅没能救助他们，反而要离开，因此于欢不得不进行私力救济。正如侠客岛微信公众号上发表的《辱母杀人案：对司法失去信任才是最可怕的》一文所说"警察的身影，在本案中一闪而过，看似微不足道，却成为重要转折点，成为压死于欢的'最后一根稻草'"。当然，也有文章为出警民警辩护和抱屈。例如，《在评论于欢案之前，能告诉我你评论的基础是什么吗？》《所谓辱母杀人案，你需要了解的是这些事实！》等文章质疑《刺死辱母者》一文中关于民警出警后随即离开这一描述是否准确，并通过引用一审判决书中所确认的案件事实，指出民警只是去室外寻找报案人，而非离开。又如《一线民警从于欢案中看出了什么，竟引起了部委高层的深思》一文则是从基层民警的执法环境着手，指出该案之所以以悲剧收场是因为基层民警执法权威的丧失所导致的。此外，除了讨论于欢案中民警的执法行为外，部分"阅读10万+"的微信公众号文章还进一步报道了杜某2、吴某等人涉嫌违法犯罪的其他行为。例如，《刺死辱母者》一文透露，警方对吴某涉黑团伙已经启动调查，以及杜某2涉嫌一起交通肇事案等。又如，《辱母背后：谁是冠县黑社会的后台？》一文披露了吴某的大量违法犯罪行为，包括非法集资、发放高利贷、威胁恐吓、非法经营、寻衅滋事等等。这些背景信息的披露，进一步激怒了公众的情绪，并反过来加深了公众对民警现场执法行为的不满。

（三）舆情分析

《刺死辱母者》一文发表后，一周内出现了31篇"阅读10万+"的微信公众号文章。

虽然，这些"阅读 10 万+"的微信公众号文章是由不同的作者创作并由不同的微信公众号发表的，其观察视角也各不一样，但它们的讨论焦点却高度集中在辱母、高利贷以及执法等三个话题。值得注意的是，除了这 31 篇"阅读 10 万+"的微信公众号文章之外，同时期还出现了其他许多讨论于欢案的微信公众号文章。但是，其他微信公众号文章的阅读量却远不及这 31 篇"阅读 10 万+"的微信公众号文章。反过来说，社会公众对这 31 篇"阅读 10 万+"的微信公众号文章的关注度远高于其他微信公众号文章。这种现象表明，这 31 篇"阅读 10 万+"的微信公众号文章所表达的观点引起了社会公众的高度共鸣。从传播学的角度来说，这 31 篇"阅读 10 万+"的微信公众号文章呈现出如下特征。

1. 传播符号：辱母

"辱母"以及由此而衍生出的"辱母杀人案""刺死辱母者"等词语构成了网络舆论中非常重要的传播符号。所谓符号是指用以指代特定的事物或者表达特定意涵的标志物。从传播学的视角来看，所谓传播就是信息的传递。而信息则是符号和意义的统一体。符号是意义的载体，意义是符号的内容。可以说，舆论的形成就是符号以及符号所承载的意义传递的结果。在于欢案所引发的舆论热议中，"辱母"一词是最为关键的传播符号。在 31 篇"阅读 10 万+"的微信公众号文章中，有 22 篇文章的标题直接使用了"辱母"一词，且有 27 篇文章的内容中出现了"辱母"字眼。可见，"辱母"一词已经成为于欢案传播过程中最重要的象征符，以至于"辱母杀人案""辱母案"等表述取代了"于欢案"这一表述，成为舆论传播中该案的代名词。值得注意的是，除了"辱母"这一传播符号外，其背后所承载的意义也不容忽视。符号除了传递字面含义之外，还会附带一些引申意义。或者说，符号之上所承载的意义既包括明示意义，也包括暗示意义。[①]"辱母"一词所承载的明示意义比较好理解，即于欢之母苏银霞受到了侮辱。而"辱母"一词所承载的暗示意义则需要进一步发掘。结合社会大众的讨论，可以发现"辱母"一词至少包含如下两种暗示意义：一是该案的过错方是被害人杜某 2 等人，而非于欢。正是由于杜某 2 等人的"辱母"行为，才使得于欢不得不反抗，进而导致杜某 2 等人死伤。在这一案件中，杜某 2 等人才是"恶人"，而于欢不仅没有过错，反而是保护母亲的大孝子。二是一审法院判处于欢无期徒刑明显不公。面对杜某 2 等人的"辱母"行为，于欢不得不反抗，进而才导致悲剧的发生。杜某 2 等人的"辱母"行为凸显出于欢"护母"行为的正当性。而一审法院却判处于欢无期徒刑，显然不符合社会大众的一般道德认知。可见，"辱母"这一传播符号的确定，实际上起到了在舆论场上给该案定性的功能。

2. 议程设置：司法与道德的冲突

从《刺死辱母者》一文开始，网络舆论关于该案的讨论主轴就被设定为司法与道德

[①] 郭庆光：《传播学教程》，中国人民大学出版社 2011 年版，第 34~42 页。

的冲突。从传播学视野来看，大众传媒具有议程设置的功能。所谓议程设置是指"传媒的新闻报道和信息传达活动以赋予各种'议题'不同程度的显著性（salience）的方式，影响着人们对周围世界的'大事'及其重要性的判断"①。实际上，在自媒体时代，信息大爆炸已经成为一件正在发生的事。但同时，人的注意力是有限的。这就意味着，在纷繁复杂的网络信息中只有一少部分可以被社会大众注意到。至于哪些信息可以被社会大众所关注，而哪些信息只能默默无闻，则很大程度上取决于媒体的报道。就于欢案而言，南方周末公众号等自媒体的广泛报道是其能够进入公众视野并引发大量关注的关键，但媒体的议程设置功能并非仅仅停留于此。实际上，在南方周末公众号等自媒体不仅在是否报道这一层面实现了议程设置，还在如何报道这一层面实现了议程设置。后者在传播学上又称之为"属性议程设置"。以《刺死辱母者》一文为例，该文的内容实际上主要围绕高利贷、辱母、司法审判、涉黑等几个核心情节展开。通过对这些情节的详细刻画，勾勒出于欢被迫进行正当防卫的场景。但实际上，该文还漏掉了许多关键情节。譬如，文章提到警察"随即离开"，但准确的情况是警察到办公楼外寻找报案人，而非返回派出所；文章提到杜某2脱下裤子后"用极端手段侮辱苏银霞"，但准确的情况是杜某2脱下裤子后立即被其他同伙制止，其生殖器并未与苏银霞接触；文章中提到吴某、杜某2等人的其他犯罪行为实际上与该案并没有直接关联，而苏银霞涉嫌集资诈骗却并未被提及。从上述分析可知，自媒体在报道于欢案时，对案件的相关事实进行了裁剪，试图渲染于欢母子的"善"和杜某2等人的"恶"，进而将该案从道德上定性为"以恶欺善"。接着，《刺死辱母者》一文进一步报道法院一审判处于欢无期徒刑。于欢之"善"与于欢之"无期徒刑"形成强烈的对比，给社会大众以暗示，进而将该案的讨论聚焦在司法与道德的冲突，或者说司法偏离社会大众的道德认知这一话题。② 至此，《刺死辱母者》一文完成了议程设置，而后续绝大部分自媒体的报道也遵守了这一议程。

3. 现实建构：因辱母而杀人

绝大部分"阅读10万+"的微信公众号文章在建构这样一个现实，即于欢是因为母亲受辱才杀人的。传播学的研究表明，新闻媒体的报道并非镜子式的，而是有选择和有加工的。也就是说，新闻报道中所呈现的现实实际上是被建构出来的，这就是传播学上的媒介框架或新闻框架理论。"媒介框架就是进行选择的原则——是强调、解释与表述的符码……媒介框架能使新闻记者对错综复杂、常常矛盾的大量信息进行迅速而例行的加工与'打包'。因此，在对大众媒介的文本进行编码的过程中，这些框架就成为一个

---

① 郭庆光：《传播学教程》，中国人民大学出版社2011年版，第194页。
② 需要说明的是，上述分析仅仅是从技术层面研究《刺死辱母者》等文章如何进行议程设置的，而非代表本书作者的价值立场。

重要的制度化环节，而且，在形成受众的解码活动上还可能发挥某种关键性作用。"①以《刺死辱母者》一文为例，自媒体在建构于欢案的过程中，从如下四个方面形成了报道的新闻框架：一是行为主体。在《刺死辱母者》一文中，与案情直接相关的行为主体包括于欢、苏银霞、杜某2、吴某、出警民警以及一审法院。其中，杜某2、吴某是催债方，于欢、苏银霞是欠债方。二是身份认定。《刺死辱母者》一文重点强调了于欢与苏银霞的母子关系、杜某2与吴某等人的涉黑背景。例如，文中提到于欢或者苏银霞时，常常使用"苏银霞儿子于欢""儿子于欢""于欢及其母亲""苏银霞母子""苏氏母子""母子二人"等表述。而在提及杜某2、吴某等人时，则常常与"暴力催债""催债人员""涉黑""涉黑组织""涉黑团伙""交通肇事"等词语同时出现。三是归类打包。在《南方周末》微信公众号上发表的《刺死辱母者》一文包含一段导读，即"催债人用极端手段侮辱被告人的母亲。有人报警，民警来到，进入接待室后说'要账可以，但是不能动手打人'，随即离开。被告人欲离开但被阻止，摸出了一把刀……4个催债人被刺中，其中一人失血过多死亡。法院认为，虽然当时被告人的人身自由受限，也遭到侮辱，但对方未有人使用工具，在派出所已经出警的情况下，不存在防卫的紧迫性"。从上述内容可以看出，该文试图将该案建构成因暴力讨债而导致的悲剧。具体包括如下几个要点：杜某2等暴力讨债且辱母；警察未能解救于欢母子；于欢被迫反击；法院反而要判于欢无期徒刑。四是引申泛化。在《刺死辱母者》一文的第四部分大量描写了吴某、杜某2等人的其他违法犯罪情况，而这些内容实际上与该案并无直接关联。该文第四部分介绍了吴某涉黑团伙已经被警方立案调查、杜某2曾经揍他舅舅以及杜某2涉嫌一些交通肇事案等情况。可以看出，该文试图将有关该案的讨论进一步上升为地方黑恶势力对守法公民的迫害这一层面。从行为主体、身份认定、归类打包以及引申泛化等几个方面，《刺死辱母者》一文成功地建构了该案的"事实"，并影响甚至主导了其他自媒体的讨论。

四、法意与民意的互动

（一）一审②

2016年11月21日，山东省聊城市人民检察院向山东省聊城市中级人民法院提起公诉，指控被告人于欢犯故意伤害罪。当日，山东省聊城市中级人民法院予以立案，并组

---

① ［美］约翰·费斯克等：《关键概念：传播与文化研究辞典》（第2版），李彬译，新华出版社2004年版，第111页。

② 山东省聊城市中级人民法院(2016)鲁15刑初33号刑事附带民事判决书。

成合议庭。在诉讼过程中，被害人杜某 2 的近亲属杜 A 等人以及被害人严某、程某提起附带民事诉讼。山东省聊城市中级人民法院于 2016 年 12 月 15 日公开开庭对该案进行了合并审理。

1. 各方的观点

山东省聊城市人民检察院认为，被告人于欢的行为触犯了《中华人民共和国刑法》第 234 条之规定，犯罪事实清楚，证据确实充分，应当以故意伤害罪追究其刑事责任。同时，因被害人一方对该案的发生具有过错，可以酌情对被告人于欢从轻处罚，故建议对被告人于欢判处无期徒刑以上刑罚。

附带民事诉讼原告人杜 A 等人要求被告人于欢赔偿死亡赔偿金、丧葬费、被抚养人生活费、精神损害抚慰金以及办理丧葬事宜的交通费、餐饮费、误工费等共计 8325173 元；其诉讼代理人提出被告人于欢之行为构成故意杀人罪，应当判处死刑立即执行，并全额赔偿附带民事诉讼原告人要求的各项损失。

附带民事诉讼原告人严某要求被告人于欢赔偿医疗费、住院伙食补助费、处理丧葬事宜人员误工费、交通费等共计 500000 元；其诉讼代理人提出被告人于欢构成故意杀人罪，应当判处死刑立即执行，并全额赔偿诉讼请求的各项损失。

附带民事诉讼原告人程某要求被告人于欢赔偿误工费、护理费、住院伙食补助费、营养费等共计 8577.6 元。被害人郭某 1 的诉讼代理人提出被告人于欢构成故意杀人罪，应当判处死刑立即执行的意见。

被告人于欢供认其在源大工贸有限公司办公楼一楼接待室内持尖刀捅刺杜某 2、严某、郭某 1、程某的事实，并辩解称其系被控制在接待室遭到对方殴打后所为，且对方有侮辱言行。被告人于欢的辩护人对公诉机关起诉的罪名没有异议，并提出被告人于欢有正当防卫情节、被害人对该案的发生具有严重过错、被告人于欢系坦白的辩护意见，以及被告人于欢系防卫过当、认罪态度较好、如实坦白犯罪事实，应当依法减轻处罚判处有期徒刑的辩护意见。

2. 法院的意见

法院审理后认为，被告人于欢面对众多讨债人的长时间纠缠，不能正确处理冲突，持尖刀捅刺多人，致 1 名被害人死亡、2 名被害人重伤、1 名被害人轻伤，其行为构成故意伤害罪，公诉机关指控被告人于欢犯故意伤害罪成立。被告人于欢所犯故意伤害罪后果严重，应当承担与其犯罪危害后果相当的法律责任，鉴于该案系在被害人一方纠集多人，采取影响企业正常经营秩序、限制他人人身自由、侮辱谩骂他人的不当方式讨债引发，被害人具有过错，且被告人于欢归案后能如实供述自己的罪行，可从轻处罚。被告人于欢的犯罪行为给附带民事诉讼原告人杜 A 等造成的丧葬费等损失应依法赔偿，杜

A 等要求赔偿死亡赔偿金、被扶养人生活费、精神损害抚慰金不属于附带民事诉讼赔偿范围，法院不予支持，其所要求赔偿的处理丧葬事宜的交通费、误工费未提交相关证据，考虑到有实际支出，法院酌情判决 1500 元；附带民事诉讼原告人严某要求被告人于欢赔偿医疗费、住院伙食补助费、交通费的合理部分法院予以支持，其提供的在冠县人民医院的医疗支出票据不符合法定形式要件，法院不予采纳，其要求的交通费未提交相关证据，法院考虑其确有转院治疗之需要，酌情判决 1800 元；附带民事诉讼原告人程某要求被告人于欢赔偿误工费、护理费、住院伙食补助费应当依法确定。

最终，山东省聊城市中级人民法院判决：被告人于欢犯故意伤害罪，判处无期徒刑，剥夺政治权利终身；被告人于欢赔偿附带民事诉讼原告人杜 A 等死亡赔偿金 29098.5 元，处理丧葬事宜的交通费、误工费 1500 元，共计 30598.5 元；被告人于欢赔偿附带民事诉讼原告人严某医疗费 49693.47 元，住院伙食补助费 1950 元，交通费 1800 元，共计 53443.47 元；被告人于欢赔偿附带民事诉讼原告人程某误工费 890.85 元，护理费 890.85 元，住院伙食补助费 450 元。

3. 评析

实际上，一审判决作出时并未引起社会的关注，舆论反映也比较平淡。不过，一审判决在部分事实认定和法律适用方面的观点却成为后来舆论讨论的焦点：一是关于辱母情节的认定。苏银霞的证言指出，被害人杜某 2"说一些难听的话糟蹋我和我儿子于欢，还脱裤子、裤头露出下身对着我们几个，把我儿子的鞋子脱下来让我闻，然后又把鞋子给扔了"[1]。该情节亦可以从其他证人的证言中得到印证。然而，一审法院并未意识到"辱母"在伦理道德层面的高度敏感性，其在审理查明的案情中仅以"对二人有侮辱言行"一笔带过，且在定罪量刑时亦只将"辱母"作为一般的"侮辱谩骂他人"来确定被害人的过错。二是关于正当防卫的认定。一审法院认为，被告人于欢持尖刀捅刺多名被害人腹背部，虽然当时其人身自由权利受到限制，也遭到对方辱骂和侮辱，但对方均未有人使用工具，在派出所已经出警的情况下，被告人于欢和其母亲的生命健康权利被侵犯的现实危险性较小，不存在防卫的紧迫性，所以于欢持尖刀捅刺被害人不存在正当防卫意义的不法侵害前提，不构成正当防卫或防卫过当。实际上，在该案的发展过程中，警察到达现场是一个十分关键的节点。一般而言，警察到达现场意味着公权力已经介入，被告人于欢母子的现实危险已经解除，不再具有私力救济的必要性。但是，在该案中，警察到达现场后并未一直留守在于欢母子视线可及之处，而是离开接待室到院内进一步了解情况。此时，于欢母子与讨债人员是否已经被分开？警察离开接待室时是否有向于欢

---

[1]　山东省聊城市中级人民法院(2016)鲁 15 刑初 33 号刑事附带民事判决书。

母子表明其去向？这些问题对于判断于欢母子的现实危险是否解除具有关键意义。然而，一审判决并未交代清楚。总的来说，虽然一审判决没有立即引发舆论关注，但却为后来舆情的爆发埋下了伏笔。

（二）二审[①]

一审宣判之后，原审附带民事诉讼原告人杜A等人和原审被告人于欢不服，分别提出上诉。山东省高级人民法院受理后依法组成合议庭，并于2017年5月27日公开开庭审理了该案的刑事部分。对于该案的附带民事部分，经过阅卷、调查，听取当事人、诉讼代理人的意见，进行了不开庭审理。在山东省高级人民法院审理该案之前，《南方周末》在其微信公众号发表了《刺死辱母者》一文（2017年3月25日），引起社会舆论的高度关注。可以说，山东省高级人民法院是在舆论旋涡之中审理该案的。

1. 各方的观点

上诉人杜A等人认为，原判适用法律不当，应当支持其所提赔偿死亡赔偿金、被抚养人生活费的诉讼请求。

上诉人于欢提出了三点上诉意见。第一，原判认定事实不全面。于欢认为，原判没有认定的事实包括吴某、赵某1此前多次纠集涉黑人员对苏某进行暴力索债，且案发时杜某2等人对于欢、苏某以及其他员工进行殴打；苏某实际是向吴某借钱；杜某2受伤后自行驾车前往距离较远的冠县人民医院，未去较近的冠县中医院，还与医院门卫发生冲突，导致失血过多死亡。第二，原判适用法律错误、量刑畸重。于欢认为其行为系正当防卫或防卫过当，且其听从民警要求，自动放下刀具，如实供述自己的行为，构成自首。第三，原判违反法定程序。于欢指出，被害人有亲属在当地检察机关、政府部门任职，可能干预审判，原审法院未自行回避。

上诉人于欢的辩护人另行提出了三点辩护意见。第一，认定于欢犯故意伤害罪的证据不足。辩护人认为，公安机关对现场椅子是否被移动、椅子上是否有指纹、现场是否有信号干扰器、讨债人员驾驶的无牌或套牌车内有无枪支和刀具等事实没有查明；冠县公安局民警有处警不力之嫌，冠县人民检察院有工作人员是杜某2的亲属，上述两机关均与该案存在利害关系，所收集的证据不应采信；讨债人员除杜某7外都参与串供，且在案发当天大量饮酒，处于醉酒状态，他们的言词除与于欢一方言词印证的之外，不应采信。第二，于欢的行为系正当防卫。辩护人认为，从一般防卫看，于欢身材单薄，虽持有刀具，但相对于11名身体粗壮且多人有犯罪前科的不法侵害人，仍不占优势，且

---

① 山东省高级人民法院（2017）鲁刑终151号刑事附带民事判决书。

杜某 2 等人还对于欢的要害部位实施了攻击，故于欢的防卫行为没有超过必要限度；从特殊防卫看，于欢的母亲苏某与吴某一方签订的书面借款合同约定月息 2%，而吴某一方实际按 10% 收取，在苏某按书面合同约定利息还清借款后，讨债人员仍然以暴力方式讨债。根据《最高人民检察院关于强迫借贷行为适用法律问题的批复》，讨债人员以暴力方式讨债构成抢劫罪，而于欢捅刺抢劫者的行为属特殊防卫，不构成犯罪。第三，即使认定于欢构成犯罪，也应考虑量刑情节，如属防卫过当、自首，一贯表现良好，缺乏处置突发事件经验；杜某 2 等人侮辱苏某、殴打于欢，有严重过错；杜某 2 受伤后自行驾车前往距离相对较远的医院救治，耽误了约 5 分钟的救治时间，死亡结果不能全部归责于于欢。

山东省人民检察院出庭检察员发表了两项出庭意见。第一，原判对案件事实认定不全面。一是未认定于欢母亲苏某、父亲于某 1 在向吴某、赵某 1 高息借款 100 万元后，又借款 35 万元；二是未认定 2016 年 4 月 1 日、13 日吴某、赵某 1 纠集多人违法索债；三是未认定 4 月 14 日下午赵某 1 等人以盯守、限制离开、扰乱公司秩序等方式索债；四是未具体认定 4 月 14 日晚杜某 2 等人采取强收手机、弹烟头、辱骂、暴露下体、脱鞋捂嘴、扇拍面颊、揪抓头发、限制人身自由等方式对苏某和于欢实施的不法侵害。第二，原判认为于欢持尖刀捅刺被害人不具有正当防卫意义上的不法侵害前提，属于适用法律错误。于欢的行为具有防卫性质，但明显超过必要限度造成重大损害，属于防卫过当，应当负刑事责任，但应当减轻或者免除处罚。

被害人杜某 2 近亲属委托的诉讼代理人提出了三点意见。第一，原判对作案刀具的认定定性不准、来源有误。于欢使用的尖刀应属管制刀具，被害人郭某 1 陈述看见于欢拉开衣服拉链从身上拿出刀具。第二，原判定罪量刑不当。于欢的行为构成故意杀人罪；民警处警时，不法侵害已经结束，于欢的捅刺行为不具备正当防卫的前提条件，不构成正当防卫或防卫过当，应当维持原判量刑。第三，应依法判令于欢赔偿附带民事诉讼上诉人的全部经济损失。

被害人郭某 1 及其诉讼代理人、被害人严某的诉讼代理人提出了两点意见。第一，作案刀具来源不清。第二，于欢的行为不构成正当防卫或防卫过当，应当维持原判定罪量刑。

2. 法院的意见

经过审理，山东省高级人民法院分别从事实和证据、法律适用、刑罚裁量以及诉讼程序四个方面进行了分析与评判。

（1）事实和证据。上诉人于欢所提苏某实际是向吴某借款，原判未认定吴某、赵某 1 多次纠集人员对苏某暴力索债，案发时杜某 2 等人受吴某、赵某 1 指使，采用非法限制自由的方式讨债并对于欢、苏某侮辱、殴打的上诉意见和山东省人民检察院的相关出庭意见，与查明的事实基本相符，法院予以采纳。

上诉人于欢及其辩护人所提原判未认定杜某2受伤后自行驾车前往冠县人民医院，而未去距离更近的冠县中医院，且到医院后还与门卫发生冲突，延误救治，导致失血过多死亡的上诉意见及辩护意见，与查明的事实不符。经查，多名证人反映杜某2是由杜某7驾车送医院治疗，而非自行前往；选择去人民医院而未去更近的中医院抢救，是因为人民医院是当地最好且距离也较近的医院，侦查实验证明从现场前往人民医院较前往中医院仅多约2分钟车程。故对于欢及其辩护人的该上诉意见及辩护意见，法院不予采纳。

关于辩护人所提认定于欢犯故意伤害罪证据不足的相关辩护意见：①所提侦查机关对现场椅子是否移动、椅子上是否有指纹等事实未能查清的辩护意见，或者与查明的事实不符，或者对该案定罪量刑缺乏价值。②所提公安、检察机关有人与案件存在利害关系，两机关所收集的证据不应采信的辩护意见，经查，冠县公安局和冠县人民检察院依法收集的相关证据，客观真实地证明了案件相关事实，该案亦不存在依法应予回避的情形，故相关证据可作定案证据使用。③所提讨债人员串供、醉酒，应当排除其证言的辩护意见，经查，案发后讨债人员仅就涉案高息借贷的实际发放者进行串供，该事实不影响该案定罪量刑，原审及山东高院亦未采信相关证据；没有证据证明讨债人员就其他事实有过串供，讨债人员对有关案件事实的证言能够得到在案其他证人证言及被告人供述和辩解等证据的印证；案发当天讨债人员大量饮酒属实，但没有证据证明讨债人员因为醉酒而丧失作证能力，排除其证言于法无据。故对辩护人的上述辩护意见，法院不予采纳。

被害人及其诉讼代理人所提原判未认定作案尖刀系管制刀具，来源未能查清的意见，经查，根据外观特征认定该案的作案工具为尖刀，并无不当；只有被害人郭某1一人陈述于欢从身上拿出尖刀，该陈述与在场的其他被害人陈述及有关证人证言等证据不符，且该尖刀是否为于欢事前准备，不影响于欢的行为是否具有防卫性质的认定。故对上述意见，法院不予采纳。

辩护人当庭提交的3份新证据材料，出庭检察员当庭提交的有关苏某计划外生育被罚款的收费收据、于欢父亲于某1身份信息的新证据材料，或者不具有客观性，或者与案件无关联性，法院不予采信。

（2）法律适用。上诉人于欢的行为是否具有防卫性质。上诉人及其辩护人、出庭检察员均认为，于欢的行为具有防卫性质；被害人及其诉讼代理人认为，于欢的捅刺行为不具备正当防卫的前提条件。经查，案发当时杜某2等人对于欢、苏某实施了限制人身自由的非法拘禁行为，并伴有侮辱和对于欢间有推搡、拍打、卡颈部等肢体行为。当民警到达现场后，于欢和苏某欲随民警走出接待室时，杜某2等人阻止二人离开，并对于欢实施推拉、围堵等行为，在于欢持刀警告时仍出言挑衅并逼近，实施正当防卫所要求的不法侵害客观存在并正在进行。于欢是在人身安全面临现实威胁的情况下才持刀捅刺，且其捅刺的对象都是在其警告后仍向前围逼的人，可以认定其行为是为了制止不法侵害。故原判认定于欢捅刺被害人不存在正当防卫意义上的不法侵害确有不当，应予纠正；对于欢及其辩护人、出庭检察员所提于欢的行为具有防卫性质的意见，法院予以采纳；对被害人及其诉讼代理人提出的相反意见，法院不予采纳。

上诉人于欢的行为是否属于特殊防卫。辩护人提出，根据有关司法解释，讨债人员的行为构成抢劫罪，于欢捅刺抢劫者的行为属特殊防卫，不构成犯罪；出庭检察员、被害人及其诉讼代理人持反对意见。根据我国《刑法》的相关规定，对正在进行的行凶、杀人、抢劫、强奸、绑架以及其他严重危及人身安全的暴力犯罪，公民有权进行特殊防卫。但该案并不存在适用特殊防卫的前提条件。经查，苏某、于某1系主动通过他人协调、担保，向吴某借贷，自愿接受吴某所提10%的月息。既不存在苏某、于某1被强迫向吴某高息借贷的事实，也不存在吴某强迫苏某、于某1借贷的事实，与司法解释有关强迫借贷按抢劫罪论处的规定不符。故对辩护人的相关辩护意见，法院不予采纳；对出庭检察员、被害人及其诉讼代理人提出的于欢行为不属于特殊防卫的意见，法院予以采纳。

上诉人于欢的防卫行为是否属于防卫过当。于欢提出其行为属于正当防卫或防卫过当，其辩护人提出于欢的防卫行为没有超过必要限度，属于正当防卫；出庭检察员提出，于欢的行为属于防卫过当。根据我国《刑法》的相关规定，正当防卫明显超过必要限度造成重大损害的，属于防卫过当，应当负刑事责任。评判防卫是否过当，应当从不法侵害的性质、手段、紧迫程度和严重程度，防卫的条件、方式、强度和后果等情节综合判定。根据该案查明的事实及在案证据，杜某2一方虽然人数较多，但其实施不法侵害的意图是给苏某夫妇施加压力以催讨债务，在催债过程中未携带、使用任何器械；在民警朱某等进入接待室前，杜某2一方对于欢母子实施的是非法拘禁、侮辱和对于欢拍打面颊、揪抓头发等行为，其目的仍是逼迫苏某夫妇尽快还款；在民警进入接待室时，双方没有发生激烈对峙和肢体冲突，当民警警告不能打架后，杜某2一方并无打架的言行；在民警走出接待室寻找报警人期间，于欢和讨债人员均可透过接待室玻璃清晰看见停在院内的警车警灯闪烁，应当知道民警并未离开；在于欢持刀警告不要逼过来时，杜某2等人虽有出言挑衅并向于欢围逼的行为，但并未实施强烈的攻击行为。即使4人被于欢捅刺后，杜某2一方也没有人对于欢实施暴力还击行为。于欢的姑母于某2证明，在民警闻声返回接待室时，其跟着走到大厅前台阶处，见对方一人捂着肚子说"没事没事，来真的了"。因此，于欢面临的不法侵害并不紧迫和严重，而其却持利刃连续捅刺4人，致1人死亡、2人重伤、1人轻伤，且其中1人即郭某1系被背后捅伤，应当认定于欢的防卫行为明显超过必要限度造成重大损害。故对出庭检察员及于欢所提本案属于防卫过当的意见，法院予以采纳；对辩护人所提于欢的防卫行为未超过必要限度的意见，法院不予采纳。

上诉人于欢的行为是否构成故意杀人罪。被害人杜某2近亲属委托的诉讼代理人提出，于欢的行为构成故意杀人罪。经查，虽然于欢连续捅刺4人，但捅刺对象都是当时围逼在其身边的人，未对离其较远的其他不法侵害人进行捅刺，亦未对同一不法侵害人连续捅刺。可见，于欢的目的在于制止不法侵害并离开接待室，在案证据不能证实其具有追求或放任致人死亡危害结果发生的故意。故对上述代理意见，法院不予采纳。

上诉人于欢是否构成自首。于欢及其辩护人提出，于欢构成自首。经查，执法记录视频及相关证据证明，在于欢持刀捅人后，在源大公司院内处警的民警闻声即刻返回接待室。民警责令于欢交出尖刀，于欢并未听从，而是要求先让其出去，经民警多次责令，于欢才交出尖刀。可见，于欢当时的表现只是未抗拒民警现场执法，并无自动投案的意思表示和行为，依法不构成自首。故对此上诉意见和辩护意见，法院不予采纳。

（3）刑罚裁量。上诉人于欢及其辩护人提出，于欢具有自首情节，平时表现良好，且被害方有严重过错等从宽处罚情节，原判量刑畸重；出庭检察员提出，对于欢依法应当减轻或免除处罚；被害人及其诉讼代理人提出，应当维持原判量刑。经查，在吴某、赵某1的指使下，杜某2等人除在案发当日对于欢、苏某实施非法拘禁、侮辱及对于欢间有推搡、拍打、卡颈部等肢体行为，此前也实施过侮辱苏某、干扰源大公司生产经营等逼债行为。于欢及其母亲苏某连日来多次遭受催逼、骚扰、侮辱，导致了于欢实施防卫行为时难免带有恐惧、愤怒等因素。对于欢及其辩护人所提该案被害方存在严重过错、原判量刑畸重等上诉意见和辩护意见，法院予以采纳。法院还查明，该案系由吴某等人催逼高息借贷引发，苏某多次报警后，吴某等人的不法逼债行为并未收敛。案发当日被害人杜某2曾当着于欢之面公然以裸露下体的方式侮辱其母亲苏某，虽然距于欢实施防卫行为已间隔约20分钟，但于欢捅刺杜某2等人时难免不带有报复杜某2辱母的情绪，在刑罚裁量上应当作为对于欢有利的情节重点考虑。杜某2的辱母行为严重违法、亵渎人伦，应当受到惩罚和谴责，但于欢在实施防卫行为时致1人死亡、2人重伤、1人轻伤，且其中1重伤者系于欢持刀从背部捅刺，防卫明显过当。于欢及其母亲苏某的人身自由和人格尊严应当受到法律保护，但于欢的防卫行为超出法律所容许的限度，依法也应当承担刑事责任。认定于欢行为属于防卫过当，构成故意伤害罪，既是严格司法的要求，也符合人民群众的公平正义观念。

根据我国《刑法》的相关规定，故意伤害致人死亡的，处10年以上有期徒刑、无期徒刑或者死刑；防卫过当的，应当减轻或者免除处罚。于欢的防卫行为明显超过必要限度造成重大伤亡后果，减轻处罚依法应当在3~10年有期徒刑的法定刑幅度内量刑。于欢在民警尚在现场调查，警车仍在现场闪烁警灯的情形下，为离开接待室而持刀防卫，为摆脱对方围堵而捅死捅伤多人，且除杜某2以外，其他3人并未实施侮辱于欢母亲的行为。综合考虑于欢犯罪的事实、性质、情节和危害后果，对出庭检察员所提对于欢减轻处罚的意见，法院予以采纳；对被害人及其诉讼代理人所提维持原判量刑的意见，法院不予采纳。

（4）诉讼程序。上诉人于欢提出，该案存在办案机关违反回避规定的情形。经查，被害人杜某2确有亲属在冠县检察机关、政府部门任职，但此事实并非法定的回避事由，该案也不存在刑事诉讼法规定的其他应予回避或移送、指定管辖的情形。故对上述意见，法院不予采纳。

综上所述，山东省高级人民法院认为，上诉人于欢持刀捅刺杜某2等4人，属于制止正在进行的不法侵害，其行为具有防卫性质；其防卫行为造成1人死亡、2人重伤、1人轻伤的严重后果，明显超过必要限度造成重大损害，构成故意伤害罪，依法应负刑事责任。鉴于于欢的行为属于防卫过当，于欢归案后能够如实供述主要罪行，且被害方有以恶劣手段侮辱于欢之母的严重过错等情节，对于欢依法应当减轻处罚。于欢的犯罪行为给上诉人杜A等人和原审附带民事诉讼原告人严某、程某造成的物质损失，应当依法赔偿。上诉人杜A等所提判令于欢赔偿死亡赔偿金、被抚养人生活费的上诉请求于法无据，法院不予支持，对杜某2的4名未成年子女可依法救济。原判认定于欢犯故意伤害罪正确，审判程序合法，但认定事实不全面，部分刑事判项适用法律错误，量刑过重，依法应予改判。

最终，山东省高级人民法院判决：驳回上诉人（原审附带民事诉讼原告人）杜A等人的上诉，维持山东省聊城市中级人民法院(2016)鲁15刑初33号刑事附带民事判决的附带民事部分；撤销山东省聊城市中级人民法院(2016)鲁15刑初33号刑事附带民事判决的刑事部分；上诉人（原审被告人）于欢犯故意伤害罪，判处有期徒刑5年。

3. 评析

二审法院通过详细回应上诉人、辩护人、检察院等各方主体的上诉意见和出庭意见，实际上阐释了其对辱母、高利贷以及执法等舆论热点问题的态度，实现了法意与民意的有效沟通。二审法院坚持依法裁判的原则，严格遵守刑事诉讼规则，按照常见的刑事裁判文书撰写规范说理论证，进而作出最终判决。从形式上来说，二审法院的判决书完全是按照刑事裁判文书的撰写规范组织语言的。二审判决书的说理论证分别从事实和证据、法律适用、刑罚裁量以及诉讼程序四个方面展开，而非按照舆论焦点组织语言，符合"事实-法律""实体-程序"二分的法律思维。从实质上来说，二审法院在论证说理的过程中——回应了舆论关注的热点问题。关于辱母情节，二审法院采纳了上诉人于欢所提案发时杜某2等人受吴某、赵某1指使，采用非法限制自由的方式讨债并对于欢、苏某侮辱、殴打的上诉意见；并且，二审法院认为案发当日被害人杜某2曾当着于欢之面公然以裸露下体的方式侮辱其母亲苏某，虽然距于欢实施防卫行为已间隔约20分钟，但于欢捅刺杜某2等人时难免不带有报复杜某2辱母的情绪，在刑罚裁量上应当作为对于欢有利的情节重点考虑。杜某2的辱母行为严重违法、亵渎人伦，应当受到惩罚和谴责。关于高利贷问题，二审法院认可了吴某、赵某1多次纠集人员对苏某暴力索债的事实；同时，二审法院还审理查明苏某、于某1系主动通过他人协调、担保，向吴某借贷，自愿接受吴某所提10%的月息。既不存在苏某、于某1被强迫向吴某高息借贷的事实，也不存在吴某强迫苏某、于某1借贷的事实，因而上诉人于欢的行为不属于特殊防卫。关于执法，二审法院审理查明，在民警走出接待室寻找报警人期间，于欢和讨债人员均可透过接待室玻璃清晰看见停在院内的警车警灯闪烁，应当知道民警并未离开。总的来说，二审法院在分析法律问题的同时，也回应了舆论热点。

（三）启示

在自媒体时代，舆论对司法的监督将会常态化。在理解自媒体时代的舆论监督之前，需要先了解自媒体的运营机制。实际上，自媒体不仅仅是多元社会主体表达意见的平台，其更是一种商业模式。自媒体以流量作为获利的主要方式，这就决定了自媒体关注的焦点主要集中在社会高度关注的话题之上。以于欢案为例，该案既涉及辱母这类挑战伦理底线的话题，又涉及高利贷、执法不公、正当防卫等公众长期关注的社会问题，是一件极易引发高度关注的案件。所以，当《南方周末》在其微信公众号发表《刺死辱母者》一文后，该案必然会迅速引发社会公众的高度关切。可见，在自媒体时代，法院在审理涉及社会高度争议话题的案件时，应当预见社会舆论可能高度关切，也应当做好司法与舆论互动的准备。

在与民意互动的过程中，司法所面临的压力可能是多元的。依法裁判是司法审判的首要规则。但是，由于法律规定的抽象性和案件事实的具体性之间的差异，法官在审判案件时必然需要对法律进行解释，也就是需要运用自主裁量权将案件事实涵摄至大前提之中。在这个过程中，自主裁量权是否能够完全自主地行使是值得怀疑的。以于欢案中的正当防卫为例，《刑法》第20条从防卫起因、防卫时间、防卫对象、防卫意图、防卫限度五个方面设定了正当防卫的成立条件，而于欢的行为是否具体符合这五个条件则是一个需要解释的问题。法官在进行解释时，可能面临多方面的压力。有学者就指出，"司法机关在维稳思维的指导下处理正当防卫案件，在司法活动中对各方当事人不分是非，只是根据重伤或死亡结果认定犯罪的做法，使正当防卫制度形同虚设"①。在多元压力的影响下，法官经过综合权衡，进而作出判决。在这种情况下作出的判决虽然依旧在法律含义的射程之内，但往往不符合社会大众的朴素正义观。"在目前我国自媒体日益发达的社会环境中，由于先前正当防卫案件的示范效应，只要正当防卫案件不能得到司法机关的公正处理，相关当事人就会通过媒体曝光的方式寻求社会舆论的声援，由此对司法机关造成外在压力。"②在这种情况下，法院在作出判决的那一刻，实际上也是承受新的社会压力的开端。

虽然司法机关试图让人民群众满意，但却缺乏与社会大众沟通的制度化渠道。实际上，司法机关往往是在舆论浪潮形成之后才意识到自己的判决与人民群众的期待不符的。以于欢案为例，一审法院在作出判决之前，其并未意识到该案将会引发舆论关注。在一审判决书之中，法院的说理论证主要围绕是否构成正当防卫这一法律问题展开，而对可能引发社会高度关注的辱母、高利贷、执法等问题置之不理。可见，一审法院缺乏对社会热点问题的敏感性。当一审判决引发社会高度关注之后，二审法院虽然已经对社会关注的焦点有所了解，但其依旧没有渠道与社会大众进行沟通，而是只能在二审判决书中间接地阐明自己的立场。不过，虽然实践中司法机关缺乏与社会大众沟通的制度化渠道，但在制度设计层面却留有空间。人民陪审员制度设计的初衷就是为了让社会大众参与到司法审判之中，以平衡专业法官与社会公众之间的观念差异。试想，在于欢案的一审中，倘若人民陪审员能够发挥积极功能，主动关切案情中可能引发舆论关注的问题，并坚持将相关事实和分析写入判决书之中，后续的舆论争议可能就会消弭于萌芽之中。

---

①　陈兴良：《正当防卫的司法偏差及其纠正》，载《政治与法律》2019 年第 8 期。
②　陈兴良：《正当防卫的司法偏差及其纠正》，载《政治与法律》2019 年第 8 期。

结　语

　　法意与民意的互动问题一直是困扰法治实践的难题之一，而自媒体时代的到来使得这一问题更加复杂。在分析法意与民意的互动乱象时，应当从各方参与者的角度进行思考。当事人、代理律师、学者、意见领袖以及普通群众并非始终秉持客观中立的立场参与到案件的讨论之中，而法官也不仅仅是一个司法手艺人或自动贩卖机。破除对任何一方的偏爱或歧视，是正确看待法意与民意互动关系的前提。实际上，法意与民意的互动在本质上关系到政治秩序的合法性问题。司法机关作为国家政治秩序的一环，其必然需要获得人民群众的支持，这样才能从根本上具备存在的合法性。同时，在实践层面，还必须考虑到民意的识别问题。只有从技术层面准确地解读出民意的真实意涵，这样才能有效地实现法意与民意的互动。在厘清了法意与民意互动的基础性问题之后，进一步回顾既有的制度资源，可以发现人民陪审员制度就是实现法意与民意互动的最佳选择。在人民陪审员制度运行良好的情况下，可以通过人民陪审员沟通民意与法意，进而预防性地回应社会舆论的关切，最终实现法意与民意的良性互动。